班主任必备丛书
BANZHURENBIBEICONGSHU

中学班主任如何应对班级突发事件

黄苹 主编

ZHONGXUEBANZHUREN
RUHEYINGDUIBANJI
TUFASHIJIAN

吉林文史出版社

图书在版编目（CIP）数据

中学班主任如何应对班级突发事件／黄苹主编 . ——长春：
吉林文史出版社，2012. 12（2021.6重印）
·（班主任必备丛书）
ISBN 978 - 7 - 5472 - 1356 - 8

Ⅰ . ①中… Ⅱ . ①黄… Ⅲ . ①中学 - 班主任工作
Ⅳ . ①G635.1

中国版本图书馆 CIP 数据核字（2012）第 307027 号

班主任必备丛书

中学班主任如何应对班级突发事件

ZHONGXUEBANZHURENRUHEYINGDUIBANJITUFASHIJIAN

编著／黄　苹

责任编辑／高冰若

封面设计／小徐书装

出版发行／吉林文史出版社

地址／长春市福祉大路5788号

邮编／130118

网址／www. jlws. com. cn

印刷／三河市燕春印务有限公司

开本／710mm×1000mm　1/16

印张／14　字数／180 千字

版次／2013 年 3 月第 1 版　2021 年 6 月第 3 次印刷

书号／ISBN 978 - 7 - 5472 - 1356 - 8

定价／39. 80 元

目 录

第一章 班级突发事件概述

第一节 班级突发事件的含义

一、突发事件

突发事件（emergency）是一个使用频率较高的词语，社会上各行各业都在不同专业范围内诠释和使用着这一概念。近年来，对"突发事件"这一概念的准确定义和划分，一直是学术界普遍关注的问题。

从语言结构上看，"突发事件"是一个以"事件"为中心词，以"突发"为修饰成分的偏正结构词组。"突发"，显然是"突然发生"的缩略；"事件"，则是指"历史上或社会上发生的不平常的大事情"。

"事件"本身是一个中性词，并无含有好坏、褒贬之意。从这个视角出发，"突发事件"就是一个外延极为宽泛的概念，从广义角度上看，突发事件可被理解为突然发生的事情：第一层的含义是事件发生、发展的速度很快，出乎意料；第二层的含义是事件难以应对，必须采取非常规方法来处理。从狭义角度上看，突发事件就是意外地突然发生的重大或敏感事件，简言之，就是天灾人祸。前者即自然灾害，后者如恐怖事件、社会冲突、丑闻以及大量谣言等等，专家也称其为"危机"，

主要包括事发突然、影响重大、危害严重三个语义要素。

根据我国2007年11月1日起实行的《中华人民共和国突发事件应对法》的规定，突发事件是指突然发生，造成或者可能造成严重社会危害，需要采取应急处置措施予以应对的自然灾害、事故灾难、公共卫生事件和社会安全事件。

突发事件预警级别：一般依据突发事件可能造成的危害程度、波及范围、影响力大小、人员及财产损失等情况，由高到低划分为特别重大（I级）、重大（II级）、较大（III级）、一般（IV级）四个级别，并依次采用红色、橙色、黄色、蓝色来加以表示。法律、行政法规或者国务院另有规定的，从其规定。突发事件的分级标准由国务院或者国务院确定的部门制定。

二、班级突发事件

所谓"班级突发事件"，是指在学校的班级管理单元中，由学生群体、自然灾害等造成的，带有突发性质、预料之外的不良事件或矛盾冲突的爆发，需紧急处理的急性事件，比如，"不速之客（人或物）"进入课堂；学生提出敏感性话题；学生之间、师生之间在课堂上的言语、肢体冲突等等。

这些突然发生且容易造成严重后果的事件虽然发生的几率很低，不过一旦发生，往往会影响教师的情绪，打断教师的思路，分散学生的注意力，扰乱正常教学秩序，引发课堂混乱。如果班主任不能及时处理或是处理不当，不仅会直接影响到课程教学任务的完成，而且还会影响到教师的形象，降低教师在学生中的威信，对教师今后的课堂教学也会带来不利影响，同时也不利于学生性格的培养和身心的健康发展，甚至会造成较大的负面影响，对学校的声誉和班级工作会产生非常大的危害性。作为班主任，为了避免或减少这些班级突发事件，必须把平时的安全教育工作做细、做实，以防患于未然。

三、处理好班级突发事件的意义

班级突发事件往往都是些棘手的事件。如果教师对突发事件处理得好，可以迅速有效地平息事端，化干戈为玉帛，变坏事为好事，提高教师的威信，增进师生的了解和感情。同时又是对学生进行思想教育的一个契机，避免师生矛盾冲突，避免发展到难以挽救的恶性事件，避免对学生、教师的身心造成伤害。

突发事件看似突然，其实在突然中也蕴藏着必然发生的原因。所以，教师要有敏锐的洞察力，有处理突发事件的心理准备，多总结突发事件处理的经验，多探索处理突发事件的技能。

总之，教师对突发事件处理得好坏，最能体现一名教师的师德、教育机智、理论修养的水平。同时，每次突发事件的正确处理都是对教师工作的一次锤炼。所以，教师工作更需要用智慧，在不断的实践中探索出具体的、生动的、行之有效的工作方法。只有这样，问题学生的教育工作才能实现从"必然王国"向"自由王国"的过渡。

第二节 班级突发事件的特点

　　教育不是万能的,任何细致全面到位的思想政治工作都无法避免班级突发事件的发生。否认或回避这一点,都不是实事求是的马克思主义观点。知识爆炸、网络虚拟、信息全球化的文化背景,更是给班主任在班级突发事件的防范和处理带来了很大难度。

　　班级突发事件虽然不是班主任工作中的主要矛盾和常见问题,但因其对学生个体具有较大的伤害性,对家庭具有较大的破坏性,对学校声誉和社会稳定具有较大的负面影响,因此,班主任应该加强对班级突发事件的防范和应对。而班主任在预防和应对班级突发事件之前,应该首先明确班级突发事件的特点。

一、班级突发事件的突发性

　　班级突发事件最明显的特点是不可预见的突发性,事件发生的时间、地点以及危害等都难以预料,有时往往会超乎人们的心理惯性和社会的常态秩序。尤其是处于青春期的中学生,性格叛逆、气血未定,自控能力较之成年人相对较弱,有时很容易因为一两句话产生冲突,而一些外部因素的影响也会在一定程度上左右他们的行为,一时冲动酿成悲剧的案例不胜枚举。

　　由于事出突然没有预先的思想准备,也往往是一个发生、发展急剧变化的过程,解决问题的机会稍纵即逝,使教师没有充裕的时间仔细思考处理的对策，因而突发事件给人出乎意料的感觉。如果不能及时采取应对措施，容易造成更大的危害和损失。

二、班级突发事件的危害性

班级突发事件一旦发生，往往容易给班级学生带来一定的震动，使学生的注意力马上聚焦于事件的发展，会对多数人的思想产生冲击，处理不妥容易产生一些负面影响。而且，班级突发事件不仅在学生群体中能够以极快速度传播，随着现代通讯媒体的迅猛发展，有些班级的突发事件甚至能够迅速地传播到家庭以及社会。

尽管有些班级突发事件的危害较小，比如抽烟喝酒等；有些班级突发事件的危害性较大，如打架斗殴等，但无论是其中哪一种，对学校、家庭、社会的伤害都是不言而喻的。不论什么性质和规模的班级突发事件，都必然会不同程度地给社会造成一定危害，而且有时往往具有连带效应，可能引发次生或衍生事故，导致更大的损失和危害。

三、班级突发事件的广泛性

班级突发事件还具有广泛性，因为无论是从地域界限还是从年龄层次上来考察，无论国内还是国外，也无论是贫穷或富有，突发事件对于校园并不陌生，且近年呈上升趋势，相信也是令美国总统比较头痛的问题之一。

不管是初中还是高中，不管是男生还是女生，不管是重点班还是普通班，突发事件对于班主任并不陌生，具有广泛性。所以不管是班主任还是科任老师，都要知道一些突发事件的处理原则和方法。

四、班级突发事件的紧迫性

突发事件往往具有紧迫性, 这类事件一旦发生, 往往要求教师必须马上做出判断, 因势利导, 随机应变, 防止事态进一步扩大, 使事件的影响得到及时控制。

有些班级突发事件发展迅速, 需要采取非常态措施、非程序化做出决定, 才有可能避免局势恶化。大部分事件需要班主任马上处理, 如学生受伤、打架斗殴, 如不马上处理, 事态将往更恶劣的方向发展。

作为一名教师, 除了应该掌握相应的学科知识之外, 还需要具备一定的班级管理能力和技巧, 妥善处理班级突发事件。要处理好班级突发事件, 教师首先要归纳、理解、把握班级突发事件的上述特征, 根据这些特征, 寻找原因, 制订对策, 这是一名教师所具备的基本素养和能力, 也是教师的优秀职业道德在特殊工作情境中的具体表现。

第三节　班级突发事件的分类

一、突发事件的分类

根据突发事件发生的原因、机理、过程、性质和危害, 应将突发事件分为四类:

(1) 自然灾害。由自然因素直接所致, 主要包括水旱灾害、气象灾害、地震灾害、地质灾害、海洋灾害、生物灾害和森林草原火灾等。

（2）事故灾难。由人们无视规则的行为所致，主要包括工矿商贸等企业的各类安全事故、公共设施和设备事故、核与辐射事故、环境污染和生态破坏事件等。

（3）公共卫生事件。由自然因素和人为因素共同所致，主要包括传染病疫情、群体性不明原因疾病、食品安全和职业危害、动物疫情以及其他严重影响公众健康和生命安全的事件。

（4）社会安全事件。由一定的社会问题诱发，主要包括恐怖袭击事件、民族宗教事件、经济安全事故、涉外突发事件和群体性事件等。

二、班级突发事件的分类

（一）根据突发事件的规模划分

根据不同的标准，对班级突发事件的分类也不尽相同。根据突发事件发生的规模，可以分为班级突发性公共事件和班级突发性个体事件。

1. 班级突发性公共事件

班级突发性公共事件又可以细分为：

（1）社会安全类班级突发公共事件

这类突发事件包括：因社会治安受到破坏而对学生群体造成隐患或伤害，如犯罪分子携危险品进入校园或班级、学生群体间的打架群殴等。

这类突发事件因为涉及的人员较多，如果不能妥善处置，可能会

带来更多的隐患或危害。处置这类突发事件,班主任要具有大局意识、全局观念,如果超出自己能够处置的范围要及时上报,并妥善处理双方或多方,避免事态进一步扩大或扩散。

(2) 事故灾难类班级突发公共事件

这类突发事件包括:学校楼堂馆舍等发生的火灾、建筑物倒塌、拥挤踩踏等重大安全事故;校园重大交通安全事故;大型群体活动公共安全事件;造成重大影响和损失的供水、供电、供气等事故;重大环境污染和生态破坏事件;影响学校安全与稳定的其他突发灾难事故等。

这类突发事件具有明显的灾难性,一旦处置不好,会带来群体性的灾难性后果。因此,在处置这类突发事件时,班主任要纵观全局、冷静指挥,尽最大努力将损失与损害降到最低。

(3) 公共卫生类班级突发公共事件

这类突发事件包括:在校园或班级内突然发生并影响或可能影响学校师生身体健康和生命安全的重大传染病疫情、食物中毒、意外辐射照射事件、预防接种和预防服药群体性不良反应、群体性不明原因疾病及其他严重影响学校或班级师生健康的事件。

在处置这类突发事件时,班主任应该具备相关的卫生保健常识,在发现上述事件发生初期,能够及时上报,沉着科学地采取相应的应对措施,避免严重影响学校或班级师生健康的事件进一步恶化。

(4) 自然灾害类班级突发公共事件

这类事件包括:受台风、暴雨、洪水、暴风雪、高温严寒、地质、地震灾害等其他自然灾害的侵袭,造成学校师生较多人员伤亡和严重财产损失的事件。

在处置这类突发事件时，班主任应该具备应对自然灾害的常识，明确在不同自然灾害面前应该如何处理。自然灾害类突发事件虽然具有较大的危害性，但在第一时间内，班主任能够冷静沉着、科学合理的指挥，就能够将由此带来的灾害降到最低。

2. 班级突发性个体事件

与班级突发性公共事件的群体性不同，班级突发性个体事件往往发生在个体或少数学生身上，比如，学生体育课上摔伤，学生之间的吵架、打架等。

班主任在处置这类突发事件时，不可以因事件涉及的人数少而降低重视程度，避免因为对突发性个体事件处置不当扩大事态，带来更大的负面影响或危害。班主任要沉着冷静地处置，针对不同的情况，采取不同的应对方法，但应该始终坚持以保证学生的人身及财产安全为目的。

（二）根据突发事件的属性划分

根据突发事件的属性，又可以分为班级突发性伤亡事件、涉及学生切身利益的突发事件以及一般性突发事件等。

1. 班级突发性伤亡事件

这是近几年校园或班级发生概率较高的事件，而导致突发性伤亡事件的原因主要包括因个体生理问题导致的伤亡和非生理问题导致的伤亡。

这类突发事件突发性明显，较少有预兆，如果学生因此而出现受伤或死亡，尤其是后者，对其家庭的影响和伤害较大。而且，随着传播媒介的不断普及与迅猛发展，一旦通过媒体传播给社会大众，会引起

极大的社会关注,会对事件的处置增加一定的难度。

处置这类突发事件时,班主任要及时应对,坚持以救治受伤学生为第一要务。在平时的班级教育中,注重对学生进行自我保护教育,加强对学生的观察,尤其是身体状况较弱的学生,要细心地关爱与帮助,对于容易引发伤亡事件的班级活动,要做好必要的安全教育和防范工作。

2. 涉及学生切身利益的突发性事件

这类突发性事件的诱因往往与学校或班级的相关工作有关,比如涉及班级临时性收费、评比优秀学生、调换座位等。这些事情与学生的切身利益相关,如果处理不当,容易引起学生的误会或不满。

虽然这类突发性事件具有一定的局限性,多数发生在特定的利益群体中,但班主任应该高度重视,力争在处理涉及学生切身利益的事情时,首先将事情阐述清楚,解释明白,尤其涉及金钱、学生成绩(或荣誉)时,更要避免政策性失误或漏洞,要将收费用途及数额、评选标准等交代得合理完善;其次,当个别学生对其产生质疑或不认可时,不能粗暴地拒绝解释,引发更深的误会或不满,班主任应该耐心、细致地向提出质疑诉求的学生解释,通过积极有效的沟通,消除误会或不满。

【案例一】

一次意外事件

一天下午的最后一堂课,我指导学生写试卷分析,放学时检查合格后方可回家。下课铃声响过,我宣布放学,但那些未检查完和未按要求做的学生得留下来接受检查。十几个学生争先恐后地围着我，我接过郑的作业一看，还没做完，便说："这道大题你没做，做完了再给我检查。"没两分钟他又来了，我接过一看，他在每道小题上都只写着"根据题意"，我便说："怎么能这样做呢?你等我把别人的试卷检查完了再给你说吧!"说罢，接过另外一位学生的作业本。正在此时，只见郑转身将自己的作业本狠狠地扔在地上，并重重地踩了两脚，高声吼叫道："我不会做，我就是不会做!烦死了!"然后拾起地上的作业本跑到教室后面去了。一会儿，他打开窗户跳上去，骑在窗台上，一条腿放在里面，一条腿放在外面。当时教室里做清洁的、整理书包的、写作业的同学都惊讶地看着这一幕。我吓得两腿直发抖，真是目瞪口呆。此时，任何的批评或启发帮助，肯定是没有作用了。看着郑骑在窗台上，还摇头晃脑、嘴里直嚷嚷的样子，我心里可是焦急得不得了，这可是四楼啊!万一掉下去……我真的不敢往下想。在焦急中突然我用温柔又清楚的语气对他说："郑，你的作业不是做得很好吗?你看你的第四道题很有新意，我是想叫你留下来一起讨论一下解题的思路，既然你现在感到身体不舒服，那你先回去吧!"说着还特地说了一句："小心，不要把这漂亮的衣服给窗钩给钩破了。"谁知道，他仍然骑在窗台上，毫无反应。这时，刚好有一位学生走过来，问我一道题，而这道题恰恰是郑做对了。于是，我顺水推舟说："这道题怎么做，你去找郑吧，他做得很好。"接着对其他同学说："同学们，今天的作业就检查到这里，大家赶快回家吧。"只见这个学生早已心领神会地擦掉自己的答案，一边拿着作业本走向郑，一边说："郑，下来我们一起回家吧，顺便把第四题给我讲一讲。"这时，我见郑虽然坐着未动，但脸上的表情已经由暴躁、厌烦转为温和，我赶紧对一个同学高声说着"再见"，从前门退到外面。郑见我走出教室，也就跳了

11

下来，那个学生帮他拿着书包，一起走了。他们走后，我胆战心惊地在教室里坐了很久。几位善解人意的女生安慰我，说一些"老师你没错"、"他是一个脾气暴躁的人"之类的话，可我依然不能原谅自己！为什么不细心地观察一下他的脸色，为什么不了解和关注一下他当时的心情和需要呢？如果发生了意外，一个鲜活美丽的生命差点因为几道作业题而夭折了！第二天课间操后，我找郑谈话，问他原因，他说："自己一下午心里都很烦，大概是中午没吃饱吧。试卷分析老师虽然讲了，自己却没有听进去，还对老师发那么大的脾气，觉着自己犯错了，心里就更加烦，于是就跳上窗台，是不是要跳下去或会不会掉下去当时没考虑。不过老师为我好，我还是体会得到的。老师，真的非常非常对不起你。"我只好笑笑，说："昨天你吓死我了，今天罚你课外活动陪我打乒乓球吧！"他怔了一下，郑重地说："老师，谢谢你原谅我，我保证以后再也不那样做了。"然后不等我说话，转身走了。看着他离去的背影，我默默祈求上帝，愿他给我更多的智慧和胆量。在这以后的日子里，我们遵守彼此的约定，每星期三和星期五下午课外活动他准时教我打乒乓球。一开始我们似乎都有一种"心怀叵测"的谨慎，但游戏就是游戏，他总忍不住对我糟糕的打法和郑重其事的态度报以大笑，我也情不自禁地对他的夸奖和我的进步还以幸福的微笑。我们边打边聊天，网络、生活、父母、同学、作业和学习，无所不包而不刻意而为，真的快乐而惬意。也许是无为而治吧，不到一个月，同学们都夸我球技大长，郑的性情也大变。更可喜的是班上因此而出现了一批乒乓球"教练"和女乒乓球爱好者，而郑在学习上也有了很大进步，少了一些反感和烦躁，我们都从对方身上找到了赖以前进的动力。而这次意外事件，在我做班主任工作的经历中留下了永远难忘的记忆。

【点评】

在这个事件中,我们可以感受到突发事件发生的突然性和紧迫性。如果教师处理不好,有可能就会发生校园惨剧!同时教师也能够分析出突发事件发生的原因,既有学生自身脾气暴躁,情绪易激动,也有教师对学生情绪变化的疏忽。而教师在事发时能够用学生的优点来稳定学生的情绪,在给学生寻找"台阶"的同时,主动回避学生以消灭学生的"火源",从而有效地处理了突发事件。在以后的善后教育中,班主任能够主动和学生交往,选择学生的特长为突破口,发掘学生身上的闪光点并给予表扬和鼓励,创建了平等和谐的师生关系,在寓教于乐中促进了学生的发展,教师自己也受益颇多,实现了教学相长。

(摘自:周娴华,周达章编著,《走进学生的心灵——班主任工作案例新编》,江苏教育出版社,2006)

【案例二】

学校食堂菜少价高还有虫,学生发帖号召同学不去食堂吃饭

"学校食堂环境卫生太差了,价格偏高,分量很少……"8日上午,百度贴吧沾益县一中吧里出现一个帖子,号召沾益县第一中学的学生集体拒绝到学校食堂就餐。

学生:学校食堂菜少价高还有虫

据同学小张说,学校食堂环境卫生很差,价格偏高、分量也很少,男生吃饱一顿饭基本要六七元,而在外面5元就能吃饱。还有同学抱怨:"学校食堂不干净,很多次吃到虫子,而且味道很不好,感觉油也有问题。"

8日下午5点，正值学校放学，但走进食堂就餐的学生寥寥无几，大部分学生都外出就餐。校外，一个小小的包子铺门口挤满了学生。据包子铺老板刘先生说，他们平时一天最多卖300多个包子，但这几天平均一天要卖1000多个。离校区不远的沾益县火车站旁的小吃店，生意同样火爆。小吃点的摊主张女士说，这几天的凉米线、凉面和炸洋芋的销量基本都是平时的3倍。

一个包子一般在1元到1.5元，而一碗凉米线或凉面仅需4.5元到5元，一份炸洋芋的价格在2元至3元钱。平均一个学生只需5元钱就可以吃饱。

在校外就餐，虽然价格便宜，但部分学生家长担心，"孩子在外面就餐，饭菜卫生、质量同样没有保障，也吃不好。"他们希望学校能早日协调解决。

食堂：饭菜有问题可以立即退换

学校食堂一名工作人员介绍，从8日中午开始，就基本没有学生到食堂就餐，炒好的菜都没人吃。针对学生反映的饭菜卫生和分量问题，该工作人员说，从今年2月15日学校提出整改意见以来，食堂就为学生准备了小秤，"凡是觉得饭菜分量不足的学生，都可以自己去称。如果不够，可以要求退换。发现菜品不卫生，也可以立即退换。"

一般一份素菜价格是7角钱，一份荤菜价格为2.5元，一份全荤菜价格为3.5元，而一份4两的米饭仅需1元钱。

沾益县一中副校长张兴权介绍，学校食堂从2008年起就整栋出售给了个体经营户。学生提出意见后，学校派人到同县的另外两所中学食堂考察。结果发现，饭的数量不差，但是菜品数量较其他学校是要少三分之一左右。"校方已多次督促食堂整改，但面对食堂要盈利和学生要质量这样的尴尬处境，我们也难以平衡。"

在学校食堂门口，一份学校张贴的通知称：学校将全力与食堂协调，增加菜品的数量和种类，发现质量问题的同学可当场指出并要求退换。

学生拒绝到学校食堂就餐后，学校召开了会议，中午和晚上吃饭时间打开校门，允许学生外出就餐，但是一定要注意交通安全和食品安全。

张副校长介绍，沾益县第一中学共有学生2500余人。此前，住校的1700余名学生，都是在学校食堂就餐。

目击：学校食堂无人问津

8日下午4点左右，沾益县第一中学秩序井然，学生正在上课，只有少部分上体育课的学生在校园内走动。问及网上提议拒绝到食堂就餐一事，几名同学都说："为了表示抗议，他们都没有去学校食堂就餐。"

在食堂的厨房内，几名食堂员工正在准备晚饭。他们都身穿工作服、戴着厨师帽。厨房一侧放着切好的蔬菜，炒菜的师傅也都戴了手套。

食堂负责人王先生说，他们的工作人员都配有健康证，食堂的每一个操作流程，都要求工作人员佩戴手套、口罩和厨师帽。

采访中，记者并未在做好的饭菜里看到学生反映的"小虫"，肉眼看上去，该校食堂卫生状况还算可以。

进展：部分学生回食堂就餐

昨日下午5点，学校食堂储备部经理蒋先生说，在校方的督促下，学校食堂已做出整改，并向校方和学生承诺，一定会积极配合校方进行整改。

昨日中午，已有三分之二的学生回食堂就餐，而晚餐时间学生基本都已回食堂吃饭。但部分同学表示，因为吃饭的钱都充到学校饭卡内了，所以

只能回学校吃饭。而回校后发现,学校食堂并没有明显改变。同学小王说:"我们熬不住了才去食堂吃饭的,因为每个星期父母都会把钱直接充进食堂饭卡,我们身上没有多少零花钱可以在外面吃饭。"马上面临高考的李同学则表示,不想浪费时间和精力在抗议食堂这件事上,但对于食堂给出的承诺,"我们也半信半疑"。

(摘自:昆明信息港新闻2012-05-11)

【点评】

这是一起由于学校食堂存在的问题而引发的学生罢餐事件。学生罢餐给学校正常的教学秩序带来了一定的影响,学校应采取有效的应对方法,尽快解决问题,使学生恢复正常就餐,以保证正常的教学秩序。班主任在日常管理中应深入学生,及时了解学生对食堂存在问题的看法和态度,做好疏导和安抚。同时,将问题反映给相关部门,争取尽快解决,防止罢餐事件的爆发。

(本章撰稿人:黄苹)

第二章　班级突发事件的成因与应对策略

　　班级突发事件由于其产生有一定的时间积淀和程度的积累,因此其成因比较复杂,它不是由某一件单纯的事情所决定,而是有许多因素掺杂在其中。弄清楚班级突发事件爆发的真实原因,有利于班主任在处理班级突发事件时制订合理的措施,采取有效的方法,尽快解决班级突发事件。

第一节　班级突发事件的成因

一、管理方面的原因

(一)学校在管理环节存在失察

　　校园突发事件在学校整个办学过程中并不少见。一旦校园有突发事件发生,尤其是严重的突发事件发生,往往会对学校正常办学秩序产生干扰、影响,严重时还会影响到学校的发展。突发事件可以说是学校办学安全面临的最大隐患,多数情况下它的发生主要与学校教育管

理过程中存在的问题有关。

例如，一些学校在管理上存在侥幸心理，不采取相应的防范措施。比如食堂管理混乱，经营者以次充好，牟取利润，或没有经营资格，不懂相关的饮食知识，食物中毒之类事件就在所难免；对学生在上学期间的进出校园没有明确的登记报告制度，不仅使学生管理混乱，而且也容易导致学生在上学期间在校外发生意外伤亡后，学校不能及时了解和处理。

此外，个别学校的专制教育，民主意识和人文关怀缺失的环境，也容易引发班级突发事件，带来恶劣影响和严重后果。因此，学校作为学生活动的主要场所，要在管理环节做出细致、周全的考虑。

（二）班主任在班级管理中的责任意识不强

当今社会是一个价值多元化的社会，种种诱惑与机会给人们带来的心灵震荡是巨大的。在这种形势下，强调教师的责任意识势在必行。责任意识，是指个体对于自身所应承担的责任及其要求的觉察与认识。诸如对责任的内容、范围、意义的理解，对自己履行责任情况的觉察、反思等。教师在教育行为的启动、维持、调节过程中，责任意识必须参与其中，在教师与学生的交往过程中，对于应当做什么，不应当做什么，应当怎样做，不应当怎样做等方面都必须有非常清晰的认识以及完善的自我调节系统，从而保证与教师角色相应的责任行为，而不能仅凭一时的冲动，自发地、盲目地实行。教师在班级管理中的责任意识不强，主要表现在以下两个方面：

一是教师采取消极的态度，放弃课堂管理责任，即教师对学生的行为反应是被动的，不明确严格纪律的重要性，不把自己的期望行为告诉学生，甚至教师本身对学生行为的要求也不清楚、不确定。任学生在课堂教学活动中放纵自己的行为。例如，学生在课堂上做怪动作、搞恶作剧、打手机、打口哨等。这种管理方式导致课堂不能形成良好的学习气氛和教学环境，学生会也因缺乏明确的教育引导而出现违反课堂规则的行为。

二是教师对学生持敌意，即教师对学生的不合作行为或问题行为常常做出过激的反应。例如，对不能回答问题的学生当众给予讽刺和挖苦，对扰乱课堂纪律的学生大声呵斥，甚至以各种方式体罚，并把个人不满甚至敌对的情绪传递给学生，课堂中到处弥漫着敌视和冷漠的气氛，随时会导致突发事件爆发。当然，影响教师的责任意识不强的因素很多，比如不良社会环境的影响，校长管理方式存在严重的问题，教师的薪酬待遇低下，教师因自己情感、家庭等问题导致个人情绪低下，教师自身的职业素质等因素都会阻碍教师责任意识的增强。

一名优秀的班主任应该在班级管理过程中对自己严格要求。要求学生守时、守纪，班主任自己也一定要严守学校劳动纪律；要求学生勤奋学习，班主任自己也要在班级管理以及在教学工作中做到全力以赴，努力工作，爱岗敬业；要求学生养成良好的文明行为习惯，班主任自己更要做好表率，从班级小事、常规事入手，身体力行。在文娱、体育、书画等各种课外活动中，班主任应积极加入到学生群体中，和他们一起游戏，一起学习，这样既能促进师生感情的交流，增强彼此理解，增进友谊，又能融洽师生之间的关系，更重要的是让学生从教师身上获得了教益，增强了班级的凝聚力，达到"身教胜于言传"的最佳效果。

班主任能够具备强烈的责任意识，同时，把握好教育学生的分寸，

掌握巧妙的教育管理方法，积极主动地与学生建立亲密的关系，在学生"向师性"的作用下，学生一定会跟班主任一样勤奋努力、爱岗敬业、严谨治学、身心健康，也能极大地避免班级突发事件的发生。

二、教育教学方面的原因

（一）班主任教育不得法的影响

2009年10月15日下午，在盐城中学北校区内发生一起学生跳楼事件，一名初三男生在最后一节课即将下课时，突然冲出教室，纵身跳下五楼，后经抢救无效死亡。据校方称，该同学是因为不遵守相关纪律被班主任说了几句，其性格比较内向脆弱。而在学生中流传的说法却是，班主任指责该学生"月考"作弊，并动手打了他，导致该生愤而跳楼以证清白。

上述事件在引发大众扼腕叹息的同时，也给大家带来了很多感慨。在这起班级突发事件中，班主任教育的不得法也是引发悲剧发生的一个重要原因。班主任工作是复杂的教育人的工作，必须要人性化并有高超的帮教技巧，才能在班级管理中达到事半功倍之效。如果班主任施教不当，在教育过程中存在任何偏差和失误，都有可能导致学生的不理解、愤怒、偏执和过激行为。尤其要注意的是，少数教师有时的粗暴语言、简单的方法也是班级突发事件的导火线。

人们常说，在学校教育工作中，能胜任班主任工作的人，能当好一位校长；能胜任校长工作的人，但不一定能当好一个班主任，这个观点从一个侧面说明了班主任工作是相当有难度的。

师生是教育中的一对有机统一体，师生既是一对矛盾，是教育和被教育的关系，但又必须要和谐发展。因此，要与学生成为朋友，成为真正意义上的朋友十分困难。在班级管理过程中，如果班主任与学生不能成为朋友，一味地把自己当作教师、长辈，或是以"天、地、君、亲、师"的姿态出现，师生之间就没有真正意义上的平等。那么所谓与学生的沟通、理解，就成了套话、空话。

在上个世纪八九十年代里，几乎所有的教师都要求学生对教师的话言听计从、百依百顺，甚至达到这种程度：教师的话就是圣旨，学生如有疑义，就视之为对教师的不恭不敬，或扰乱正常教育秩序。轻则教育、批评、写检讨；重则请家长。弄得学生处处对教师小心翼翼、戒备重重。这就很难避免在班级管理中出现一种现象：班主任在时，纪律一片大好；班主任转身刚离去，班上又一团糟。

进入21世纪的今天，各种纪律、制度规范化、法制法。学生的法制意识增强，自我保护意识提高。他们虽是受教育者，可他们呼唤地位平等，特别是心理上的平等。他们渴望被理解、被别人尊重，这就需要教师，特别是班主任放下架子、走近学生，走进学生的心灵，与他们做朋友。在学习中做学生的良师，在生活中做学生的益友。师生之间彼此信任、彼此理解、彼此沟通、彼此充满真诚，有了学生的理解与信任，对于班主任处理班级突发事件具有十分有利的作用。

除了态度上的彼此信任、彼此理解、彼此沟通、彼此充满真诚之外，班主任经验不足、缺乏临场应变能力，面对班级突发事件时无所适从，不知所措，这些教育教学方面的原因也容易影响对班级突发事件的处置，甚至可能会造成一些无法预料的后果。

班主任应该根据班级实际境况，对班级或课堂教学中出现的各种

突发事件进行冷静的甄别，仔细探究产生突发事件的原因，做到心中有数，有针对性地解决班级突发事件，既能使课堂秩序井然有序，又能让学生集中精力，恢复正常的学习状态，保证课堂教学效果得到充分体现。

（二）教育教学硬件设施的影响

由于各个学校的办学条件和办学水平存在差异，部分学校基础设施比较薄弱，资金供给不充足，硬件设施方面配套跟不上，硬件设施质量存在严重问题，这就导致教师在进行多媒体教学时很容易出现问题，比如，计算机或投影机启动和运行很慢或在教学的过程中突然损坏，都可能引起学生骚动、起哄、打口哨等各种与教学无关的课堂突发事件，致使教师的正常教学任务难以完成，从而严重地影响到教师上课的情绪和讲课水平的发挥。

此外，教育心理学及行为主义心理学领域的多项研究表明，教室内的温度、光线亮度、座位的编排方式、教师课桌椅、墙壁的颜色等外界环境因素都会对学生的课堂行为产生十分明显的影响。如果教室中的温度适宜，光线充足，颜色搭配合理，座位编排科学，学生就可能产生一种愉悦的感受、积极的情绪和舒畅的心情；如果教室内脏乱不堪，空气污浊，光线昏暗，颜色令人烦躁，学生就可能会在课堂上感觉昏沉懒散或者暴躁不安，突发事件发生的可能性会随之增加。

作为班主任在处理班级突发事件时，前提是要有爱心和耐心，其次是要讲究艺术和方法。教师不要轻易认定学生是故意捣乱，更不要动不动发脾气，采取简单化地呵斥、赶出教室之类的处理办法。如果那样去维持课堂教学秩序，表面上看是有效的，但对课堂气氛、师生情绪的影响很大，对教育教学效果也有直接的负面影响，因而是不可取的。

值得注意的是，班级突发事件的原因往往比较复杂。教师在面对班级，尤其是课堂突发事件的时候，首先需要做到的是迅速准确地对事件予以辨别、归纳，才能在后续处理过程中选择恰当的应对措施。

三、家庭的原因

父母是孩子是最早的老师，一个人的人格是否能健康地形成与家庭教育有着直接的关系。父母的管教方法过严，或者过于溺爱，或者父母疏于管教；家庭气氛紧张、不和谐，使孩子缺少关爱和安全感等情况都会对孩子的健全人格培养产生不利影响，父母离异、家庭"战争"等，还容易使孩子形成一种"攻击性人格"。

现在的很多家庭都只有一个孩子，因此在家中家长过分溺爱子女，怕孩子吃苦受累，几乎什么事都不让孩子做，致使孩子缺乏独立处理问题的能力。同时，家长往往又对孩子寄予厚望，常常提出一些超出孩子能力范围以外的要求，当孩子无法完成或是达不到家长的要求时，一些家长就采取打骂孩子等简单、粗暴的方式对待孩子，这就使得孩子产生了逆反心理，从而出现了一些过激行为。

值得注意的是，父母本身的心理健康对孩子的成长也极其重要。从目前校园暴力的案例中我们可以看到，在参与校园暴力的学生中，有很大一部分来自不完整的家庭或者教育不适当的家庭。有研究表明，暴力犯罪学生家庭的矛盾远远大于正常人的家庭。家庭是社会的细胞，家庭的影响也是最早、最直接，影响力最大的。父母的言行举止对

孩子的成长起了相当大的塑造作用。尽管有些家庭虽然没有以上的问题，但是由于家长和孩子代沟太深，不知道怎样去正确引导孩子，也很容易使孩子对人对事产生爱钻牛角尖的现象，形成不完整的性格，在遇到事情时容易冲动、爆发等。

此外，家庭变故也容易给学生带来负面影响。所谓家庭变故主要是指家庭成员的意外伤亡、父母离异、父母不能起到长期地对学生的监护作用等现象。如果处理不好诸如此类事情，它会给学生带来思想与学习上的负担、生活上的冲击等，尤其对学生身心方面的负面影响很大。

因此，班主任应该对班级中家庭产生变故或因家庭原因，性格孤僻、叛逆的学生给予更多的关心与爱护，帮助他们摆脱因家庭原因带来的负担与冲击。

四、学生的原因

（一）性格原因

性格是指表现在人对现实的态度和相应的行为方式中的比较稳定的、具有核心意义的个性心理特征，是一种与社会相关最密切的人格特征，在性格中包含有许多社会道德含义。性格表现了人们对现实和周围世界的态度，这种态度会从人的行为举止中体现出来，因而性格主要体现在对自己、对别人、对事物的态度和所采取的言行上。

心理学家们曾经以各自的标准和原则，对性格类型进行了分类，下面是几种有代表性的观点：

（1）从心理机能上划分，性格可分为：理智型、情感型和意志型；

(2) 从心理活动倾向性上划分，性格可分为内倾型和外倾型；

(3) 从个体独立性上划分，性格分为独立型、顺从型、反抗型；

(4) 斯普兰格根据人们不同的价值观，把人的性格分为理论型、经济型、权力型、社会型、审美型、宗教型；

(5) 海伦·帕玛根据人们不同的核心价值观和注意力焦点及行为习惯的不同，把人的性格分为九种，称为九型性格，包括：1号完美型、2号助人型、3号成就型、4号艺术型、5号理智型、6号疑惑型、7号活跃型、8号领袖型、9号和平型。

发生在班级中的同一件事情，不同性格的学生会有不同的反应。对于一些班级中的小矛盾和小问题，心胸开阔的学生往往不会将之放在心上，但是一些内倾型或反抗型的学生却记得异常清楚，并往往寻找时机去报复。

作为班主任，应该熟悉每位学生的性格特点，遇到突发事件时能够针对不同学生的性格特点，采取不同的处置办法。

（二）学习压力

当今世界，知识经济初露端倪，信息化产业突飞猛进，全球经济一体化趋势日益明显。与此同时，社会对人才的要求也越来越高。加之随着第三个人口高峰的到来，随着改革的进一步深入和发展，也随着工业自动化程度的提高，国内就业形势空前紧张，就业压力已经通过多种渠道渗透到教育领域。如今中学生所背负的学习压力，是常人所无法想象的。过重的学习压力重压下的稚嫩心灵很容易发生心理地震，造成心灵扭曲，或是心理错位，从而导致过激行为，这也是班级突发事件爆发的一个重要因素。

（三）问题学生的影响

目前，学术界尚未对"问题学生"进行准确定义，但在《现代汉语词典》中对"差生"一词的解释为：学业不好的学生。以现在的教育实践来对照这一释义，不免有以偏概全之嫌。其实如果从教学实践中做出一个总结，那么"问题学生"主要是指那些在学习、生活中经常违反道德原则，或者犯有严重过错的学生。他们常常表现为人生观、价值观不能适应社会大的要求；不能自觉遵守纪律，不能按时完成学习任务等，是广大家长、教师主要关心和帮助的重点对象。

问题学生是学生生活成长环境、教育环境、教育行为以及学生个体差异等方面综合作用而产生的。常见的问题学生有学习障碍型、道德品质型、心理障碍型、"好学生"型、复合型等类型。在课堂教学过程中，由于班级中某个或某几个学生的违纪行为、两个或多个学生间的言语或肢体冲突引发的课堂突发事件，都往往由问题学生的行为所导致。

问题学生违反课堂纪律、发生冲突矛盾形成课堂突发事件的概率远远大于其他因素，这也是问题学生在以往的课堂管理中被作为重点研究对象的原因。因此班主任应对问题学生产生的各种原因、感化和教育策略等进行深入的调查、论证和研究，这样才能科学地解决因他们所引发的一系列突发事件。

根据心理专家的研究，当一个人受到挫折时，容易引起情绪上的冲动和愤怒，因而产生对一定的对象报复和攻击的行为。各种导致挫折感的动因，如受欺辱、遗弃、排挤、自卑等都容易引发攻击性的行为。

据一项对中国城市独生子女人格发展与教育的调查发现，80%以上的城市中小学生存在不同程度的攻击性行为。现在的学生绝大多数是独生子女，由于家长的宠爱，极易染上心胸狭隘、自私、任性、万事以我为中心的毛病。所以在学校学习和日常生活中，一遇冲突就会把这种不良的心理表现出来，造成校园暴力。

例如，山西朔州二中学生课堂上持刀杀死年轻教师郝旭东便是一个典型事例。该生在"死亡笔记"中这样写道："不光是老师，父母也不尊重我，同学也是，他们歧视我……，我知道自己选择了一条不归路，一条通向死亡的道路，我希望我用这种方式可以唤醒人们对学生的态度，认识社会，认识国家，认识到老师，让教育也可以改变。"这个自称是"倒数第一、差生、坏学生，一块臭肉坏了一锅汤"，认为"我的人生毁在了老师手上"的年仅16岁的学生，最终选择了"杀老师"这样的极端举动，扭曲的心灵把自己的人生置于了万劫不复的深渊。因此，来自问题学生的干扰也是造成班级突发事件的原因之一。

由此可见，班级突发事件中学生方面的原因可以从以下几个方面进行总结：

第一，根本原因：青少年学生自身内部的心理矛盾；

第二，认知方面：青少年的独立性意向发展很快，而认识能力的发展却滞后，思维带有很大的片面性和表面性，往往分不清是非，容易走向偏激和固执；

第三，情感方面：青少年的情感很不稳定，容易激动和急躁；好感情用事，不善于控制情绪，容易受别人的引诱；易产生激情，而又往往难以自我控制；

27

第四，意志方面：青少年学生的自尊心很强，对于别人对自己的评价极为敏感。

而造成上述原因的因素有如下几点：

第一，缺乏沟通。在班级管理中，沟通是理解与认识的桥梁，只有通过同学间的相互沟通，才能消除误解，达到心照不宣、相互理解。班级突发事件产生的主要原因就在于同学与同学之间，同学与班主任之间，同学与家庭成员之间及其他相关人员之间缺乏必要的心理沟通。

第二，心理失衡。这主要是指个体在对待社会、对待集体、对待他人及对待自己的态度上所表现出的种种非正常的或不平衡的心理趋向。

第三，猜疑。这是指个体凭主观猜想别人的言行有损于自己的利益、尊严，而产生的一种不友好、甚至敌对的心理现象。

第四，嫉妒与虚荣心。前者是对某些方面超越自己的人的一种忌恨，是一种消极、庸俗、自私的情感反映；后者有不同的程度和不同的表现。柏格森指出："虚荣心很难说是一种恶行，然而一切恶行都围绕虚荣心而生，都不过是满足虚荣心的手段"。

第五，情感诱惑。这是指人对一些具体的场景、情节、行为、事实等"诱因"缺乏必要的认识或认识模糊而导致主动参与后形成不良的后果，或导致直接去做坏事的情况。

第六，坏人教唆。我国目前还处在社会主义初级阶段，在社会矛盾还比较复杂的今天，一些坏人不仅自己进行犯罪活动，而且寻找机会诱骗、教唆那些缺乏辨别是非能力的青少年做坏事，毒害他们的心灵，致使他们沾染恶习，走上歧途。

第七，反感情绪。反感情绪是由于人的情感触动作用而产生的不利于学生团结和健康成长的消极情感反应。

此外，不容忽视的是还会有一些其他因素干扰。这主要是指导致班级突发事件发生的原因，除了上述的原因外，还有环境、地域、民俗文化等外部因素的影响。

众所周知，一位合格的教育工作者，不论他有没有当班主任，都不仅要会教书，还要会育人，不仅要完成计划内的工作，还要随时做好准备解决突然发生的状况。一个突发事件的解决方式也许会改变其在学生心中的印象。针对班级或课堂发生的突发事件，教师应该及时发挥自己的智慧，用最有效的方法及时制止和解决学生之间的矛盾，才能不造成恶劣的后果，并继续顺利地完成课堂教学。

班级突发事件虽然不是班主任工作中的主要矛盾和常见事件，但是对学生个体具有较大的伤害性，对家庭具有较大的破坏性，对学校声誉和社会稳定具有较大的负面影响。因此，通过对引发或造成班级突发事件的原因进行分析，有利于班主任提出相应的对策，以避免班级突发事件的发生。

第二节　班级突发事件的应对策略

一、加强对学生人生观和崇尚科学的教育

对学生形成正确的人生观的教育必须常抓不懈。教师在传授知识的同时，一定要注重对学生人生观、世界观、价值观的培养。引导学生

学会正确地认识世界，认识社会，认识自己，学会用科学的方法对周围的人、事、物形成正确的评价。其次要对学生加强崇尚科学、抵制邪教侵蚀的教育，避免学生因受到错误思想的影响，而引发班级突发事件。

二、切实减轻学生的学习压力

要减轻学生的学习压力，首先要更新观念。"学而优则仕"的观念在国人心中扎根已久，"万般皆下品，唯有读书高"，学生在这种思想支配下学习，其功利性是很明显的。带着功利性进行学习，学生很难从中找到学习的乐趣，更谈不上形成远大的理想，培养出高尚的情操。所以在《中共中央、国务院关于进一步深化教育改革，推进素质教育的决定》中强调，"要进一步提倡探究式学习，要让学生发现知识，了解知识的产生过程"。以此激发学生的学习热情，培养学生的学习兴趣。其次要建立科学的评价机制。现行教育评价机制重结果轻过程，重分数轻能力，重智育轻德育，这就使得教师在教学过程中以考试分数为目标，学生在学习过程中也以考试分数为目的，而忽视了学习能力的培养。这种以分数为导向的模式已经远远不能适应现代社会对人才的需求，成为阻碍教育发展的绊脚石、压抑教育工作者创造活力的镣铐。只有建立科学的教育评价机制，真正重视对学生能力的提高，才能从根本上减轻学生的学习压力。

三、因人施教

在教学过程中，使用传统的教育方法常常很难得到好的效果，这主要是由于现在的学生生活的环境、成长的经历与以前的学生大相径庭。现在的学生个性鲜明，身上有很多的缺点，如独立性差，以自我为中心等，但他们身上也有很多的优点，如理解力强，接受新生事物快，敢于表现自己等。因此，班主任在对学生的日常管理和教学中应该深入细致地去了解每一个学生，可以通过与学生面谈、与家长面谈、与任课教师交流、测验考试等方法清楚地了解每一个学生的家庭成长背景、性格特征、兴趣爱好、优点、缺点以及知识储备等情况，这样才能根据不同学生的特点有针对性地进行教育，做到因人施教。尤其在处理班级突发事件时，班主任了解学生，才能做到"对症下药"，根据学生的特点找到解决问题的最佳方法，有效地处理突发事件。

四、提升教学质量，提高班主任自身素质

在对学生的教育中，首先学校应尽可能地保证学校教学设施和教学设备的质量，这是教师进行教学的基础，硬件保障了，才能解除教师和学生在教学过程中的后顾之忧，使教师能够竭尽全力地提高教学质量。其次，作为与学生接触最多、对学生影响最大的班主任来说，不仅要提高自己的教学能力，还要提高自己的班级管理能力，掌握班级管理的艺术和技巧；加强自身的道德修养，掌握与学生有效沟通的方法，真正成为学生信任的良师益友；提高危机处理能力，掌握班级突发事件处理的原则和方法，这样才能在面对班级突发事件时临危不乱，冷静、沉着地处理问题，解决危机。

五、建立学校、家庭和社会三位一体的防范体系

学校之"教"，家庭之"育"，社会之"化"，三者缺一不可。班主任

应该清楚学生在家长、老师、同学、朋友面前的表现往往是不一样的，因此班主任应在日常管理中建立与学生家长沟通的畅通的渠道，可利用家访、电话、短信、留言本等形式保持与家长的经常性的联系与沟通。在沟通中尤其要注重与个别学生家长的沟通，及时了解学生的真实情况，这样有助于及早发现问题，及早采取预防措施，及早解决问题。同时，班主任还应意识到，突发事件的爆发与解决和各种社会关系也有着密切的联系，因此不能忽视社会力量的作用。班主任在工作中如果能够建立学校、家庭和社会三位一体的防范体系，将对班级突发事件的预防和解决起到积极的作用。

班级突发事件虽然危害性大，偶然性强，但只要班主任在工作中认真研究、仔细观察、家校共防，就可以避免突发事件的发生。

【案例一】

暗恋老师的学生

初三某班有位叫小梅的女生，考试前给她最敬佩的历史课王老师写了一封长长的信，信中表达了她对自己学习的失望，对考试的紧张和焦虑，以及她对王老师含糊的慕念之情，同时，也感谢这位老师平日里对她学习的关心和鼓励。她觉得自己现在学习成绩一败涂地，不及班上的某些同学，考试肯定考不好。对不起家长、对不起她最信赖、最愿意倾吐心里话的历史课老师，她感到非常沮丧。初二时，小梅的学习成绩很好，曾报名参加全市举办的历史知识竞赛。在历史老师的精心辅导下取得了较好的名次。由于王老师对学生和蔼可亲，对工作尽职尽责，学生们都非常喜欢他。这本是非常正常的师生关系，可小梅却把对老师的敬爱之情，转为爱恋之情，她常主动找王老师谈心，主动找机会接触王老师，甚至还打传呼请王老师一起出去散步，向他吐露心中的苦闷烦恼。而王老师并未有其他想法，总是鼓励她，帮助她，并明确指出学生的主要任务是学习，切忌胡思乱想，自找麻烦。王老师收到小梅这封信后，马上觉得语气不对，随即向班主任反映了情况。班主任认为，小梅正处于青春期，加之喜爱文学，周末常一个人在书店里看一些"大部头"的作品，情感丰富，有较强的联想力与写作能力，加上初三前由于某科考试发挥不理想，成绩总分降低了，感到自卑、沮丧。另一方面家长对她要求也较严，期望值较高，所以她对这次考试没有信心，承受不了再次失败的打击，出现了较强的情感依恋现象，这是可以理解的。但是如果不引导她走出情感误区，就会影响她的健康成长，影响她的学习和情绪。

班主任并未就此事进行简单、粗糙的处理，而是与历史老师商量如何正确对待这件事情。班主任首先尊重小梅的隐私权，关注小梅的情绪与上课时的表现，一边从侧面暗示她将注意力放在学习上，不要背任何思想包袱，只要自己轻装上阵，尽力而为，老师相信她的考试会考好。王老师也积极配合班主任找小梅谈心，把班主任与自己的共识转达给她。在谈话中，以鼓励之辞安慰她，同时也指出她这个时候不能因小失大，要学会控制自己不成熟的情感，决不能本末倒置，把宝贵的精力分散了，荒废学业。还向她讲明老师与她之间只是一种师生关系和师生情感。从这以后王老师注意与小梅保持距离，久而久之，小梅就渐渐淡化了对历史老师的爱恋之情，把精力集中到了学习上。考试来临了，小梅终于抛开了思想包袱与杂念，考出了较好的成绩，脸上也露出了微笑。

【点评】

这是一起初中女学生对老师产生恋师情结的突发事件。恋师多发生在初二以上的女生身上。这是青少年性意识行为的一种奇特现象，虽对当事人的学习、人际、人格等均有极大消极影响，但还是一种正常情感。一般1~2年可逐渐消失。一般讲，青少年的性意识发展有这样几个阶段：反感期、向往长者期、狂热倾慕异性期、浪漫恋爱期。恋师情结、恋母情结、恋父情结等均属其第二时期的表现。对学生的恋师情结，班主任和老师切不可把它当成洪水猛兽，因为十五六岁的青少年学生，正是从幼稚走向成熟，从单纯走向复杂的阶段，对学生的恋师情结班主任老师可进行如下疏导：帮助学生认识师生恋的不现实性，让学生对问题的看法变得理智成熟；引导学生珍惜自己的感情，转移注意力，把精力集中到学习和丰富的校园生活中去，淡化恋师情结，让学生在有限的青春时光里面多学知识，增长才干。

（摘自：彭智勇　钟型泰主编，《现代中小学班主任工作指南》，四川教育出版社，2000）

【案例二】

挽救一位"失恋"的女生

我校有个女孩来自农民家庭，她性格内向，不善言谈，但朴实勤奋，学习成绩优异。半年前，她暗恋上了班里的一位男生。这位男生各方面都非常出色，是女孩子心目中的偶像，这位女生写信向这位男生表示了爱意，但被对方婉转拒绝了。她非常痛苦，深夜在校外喝酒，喝醉了躺在下水道井盖上不肯回去。班主任知道后，把她接到自己的家里，为她做了一桌丰盛的饭菜,边吃饭边开导她。经过疏导,她表示自己能处理好这件事。但回到班级后,她无法控制自己的感情,又开始"纠缠"那位男同学。结果那位男同学很生气,当众说了一些难听的话,这对自尊心很强的她来说,无疑又是一个沉重的打击。家长知道后,很不理解,认为孩子太不自重,太丢人了。除了指责,便是呵斥。

班主任怕发生意外,连续好几天带她到自己的家中开导,并决定用集体的力量、众人的爱心做她的工作。几位老师一起分析原因:其一,她美好的愿望与现实不符,自己又不能正视,必然形成沉重的心理压力;其二,她做事投入、专一、不灵活,处理感情也不例外;其三,她性格内向,心中的痛苦、郁闷不愿向任何人倾诉,久而久之,这些痛苦和郁闷成了心理上的障碍;其四,她在自己爱慕的对象面前很自卑,对方的做法使她无地自容,在痛苦绝望中容易采取极端的做法。找到原因后,我们有针对性地开展了工作。第一,基于她痛苦的现状,我们让她到她姑妈家休整一周。她姑妈是个知识分子。能理解她,她可以向姑妈倾诉内心的痛苦。第二,启发她树立远大的人生目标,积极参加班级的活动,转移情感。指导她用理性、求实、灵活的思维方式从多角度考虑问题,指出哪些情感是现在适宜的,哪些是现在不适宜的,鼓励她摆脱不适宜的情感,调整好自己的心态,正视自己,正视别人,正视现实,战胜自我。第三,任课教师为她补落下的课程,同学们从各方面关心她,帮助她,让她感到人间除了爱情,还有友情、师生情。第四,学校领导找那位男同学谈话,肯定他拒绝谈恋爱是对的,同时,指出再不要说出不尊重对方的话,做出不尊重对方的事。第五,让她几位好朋友经常与她在一起,暗中观察她的情绪变化,及时与班主任沟通。经过众人两个月的努力,这位女同学终于能以平静的心态面对那位

男同学了。她战胜了自我，全身心地投入到了学习之中。

（摘自：吴云鹏主编，《教育学综合案例教学》，中国人民大学出版社，2010）

【点评】

这是一起班级学生发生暗恋引发的事件。在这个事件中班主任用自己的爱心关怀出现问题的学生，让学生感受到温暖。同时，班主任还积极与学生的家长联系沟通，让学生到姑妈家休整；与其他任课教师一起分析问题，并找到了解决问题的方法，最终让事件中的女生走出了"失恋"的困扰。由此可见，班级突发事件的解决不仅仅是班主任的事，更需要任课教师、家长、其他学生，甚至是社会其他力量的参与，以此才能形成教育合力。这种合力远远超过了班主任一人的力量，能为突发事件的解决发挥最大作用。因此，班主任在解决突发事件的过程中，要善于利用各方面的资源和力量，寻找解决问题的最佳途径，保证班级突发事件的有效解决。

（本章撰稿人：黄苹）

第三章　班级突发事件的处理原则与方法

班级是构成学校的基本单位，由于人员众多，各种突发事件随时都有可能发生，因此班主任应掌握班级突发事件处理的原则及步骤，做到正确应对、有效地处置班级突发事件。

第一节　班级突发事件的处理原则

班主任掌握处理班级突发事件的基本原则，可以帮助班主任在处理班级突发事件时做到有章可循，从而有效地解决突发事件中出现的问题。

一、以人为本，尊重学生原则

班主任在处理班级突发事件时，要正确认识学生的主体地位，要充分尊重学生的独立人格和尊严，不能伤害到学生的自尊心，这就需要班主任坚持以人为本，尊重学生的处理原则，在处理过程中可调动学生的积极性、主动性和创造性，可以征求学生对问题处理的意见，这样既可以让学生参与事件的处理过程，清楚事件的进展，还可以让学

生在处理过程中受到教育,从而加深对班主任的理解。

班主任对学生的尊重还体现在处理事件时应根据不同学生的特点采取不同的处理方法。根据学生身心发展的规律进行科学合理教育,在此前提下,使每个学生都得到全面发展,这是我国教育目的的基本要求。班主任在处理突发事件时更应考虑到不同学生的个性特点和差异,有针对性地处理问题。例如对外向型性格的学生可以直接批评教育,但对于内向型性格的学生就不能直截了当地进行批评。

只有从学生的角度出发考虑问题,尊重学生、理解学生,同时善于抓住不同学生的个人特点,有的放矢,才能促使突发事件尽快得到解决。

二、教育为主,处罚为辅原则

以教育为主,处罚为辅是班主任处理突发事件时的根本要求,也是基本原则。这一原则要求班主任在处理班级突发事件时对学生应以说服教育为主,主要是说清楚事实,讲明白道理,真正做到以理服人。这就要求班主任在讲道理的过程中要讲究方法和技巧,不要对学生采取简单的说教和严肃的批评,而应考虑中学生的特点,使用他们喜欢的方式把道理讲清楚。例如,可以通过讲故事等方法,用形象性的语言把抽象的道理讲明白,这样学生在理解和接受时会更加容易。同时,班主任还应注意,突发事件爆发后,学生的情绪会很激动,甚至与学校和教师处于对立的状态,因此,班主任在教育学生时,要做到动之以情,晓之以理,注重情感的教育作用,用自己的真情实感去打动学生,消除学生与教师之间的对立情绪,这样才有利于突发事件的解决。

此外，班主任在处理班级突发事件时，应先进行深入的调查和细致的研究，实事求是地分析问题，找出事件的关键点，才能找到解决问题的正确方法。在解决问题的过程中，要本着教育从严、处理从宽、化解矛盾、教育全班的精神，不能简单地用处分或处罚来处理问题，但也不能只做无关痛痒的处理。

班主任要想切实把问题解决好，让学生信服自己，树立自己的权威，又要让学生爱戴自己，就要在处理问题的时候宽严相济，本着以教育为主，处罚为辅的原则解决问题。例如对一般性的突发事件，甚至有些影响较大的突发事件，通过教育，学生已经对问题有了深刻的认识，并在行为上有改正的表现，就不要再给予纪律处分。对于性质很严重、影响很坏的突发事件，在教育的基础上，给予一定的纪律处分是必要的；但处分不要过泛过重，公开处分也要注意范围恰当，对受处分的学生还要不断帮助，指明改过前景。要将处分当作一种特殊的教育手段。

三、公平、公正、公开处理原则

班主任在处理班级突发事件时应以公平、公正、公开为基本准则。班主任在了解问题时应当全面、客观，尤其要避免出现先入为主的主观判断，不戴有色眼镜看人。对参与事件的学生，不论是谁，不论之前的表现如何，都要公平、公正地对待，不偏袒任何人。例如，在学生与学生之间发生冲突时，班主任要避免偏袒好学生、班干部或是家庭条件较好的学生；在学生和其他教师发生冲突时，班主任要避免偏向教师一方；当学生与班主任发生冲突时，班主任也要冷静分析，主动检讨

自己的行为,采取宽容的态度,这样才能消除学生的对立情绪,缩短与学生之间的距离。

在班级突发事件的处理过程中,班主任还应及时公开各种信息。学生在事件的处理过程中有权知道事件处理的进展以及事件处理的结果,尤其是与事件相关的一些重要信息更是学生关注的重点。因此,班主任在处理突发事件时,不能忽视了对相关信息的公开,这样既能消除学生和家长的各种猜疑,也能督促班主任公平地处理问题。只有做到信息公开,才能保证问题处理得公平、公正,确保班级突发事件得到合理、有效地解决。

四、协调沟通原则

班级突发事件的解决离不开同各个方面的协调与沟通,班主任则是学生与任课教师、学校和家长之间联系的纽带。在处理班级突发事件时,班主任应积极为学生架起与外界联系的桥梁,既要将学生的要求、想法传达给相关人员和部门,同时还应主动与学校和学生家长取得联系,征求他们的意见,以求能让各种因素和各方力量汇集在一起,相互协调配合,从而形成对学生的教育合力,使突发事件尽快得到解决。如果班主任在事件的处理过程中,缺乏与相关人员和部门的沟通,就难以得到他们的理解与支持,也难以得到学生的信任,从而直接影响突发事件解决的效果。因此,班主任在处理突发事件时还应以协调沟通为原则,积极配合相关部门的工作,及时反馈学生信息,只有这样才能获得更多的理解、支持和信任,才能保证突发事件得到有效解决。

五、依照相关制度与法律原则

班主任在处理班级突发事件时，还应依照相关的制度和法律。尽管对于学生的处理应以教育为主、处罚为辅，但如果在突发事件中，有学生出现了违规违法现象，班主任则应按照相关的制度和法律规定进行处理，不能徇私枉法，包庇学生。在突发事件中，有些学生受到多种因素的影响，极有可能出现故意损毁公物、打伤他人等行为，这些行为已经违反了相关的法律法规，学生出现这些行为时，班主任应及时劝阻，如果需要可以报警，积极协助公安机关对事件进行调查，对于确实触犯法律的学生班主任应该协助相关部门，依照相关法规对学生进行处罚。这就需要班主任在班级日常管理工作中加强自己和学生的法律意识。

第二节 班级突发事件的处理方法

一、班级突发事件的处理艺术

班主任对班级突发事件的处理并不是简单的对学生进行处罚或是使用某种单一的方法，要想有效地应对班级突发事件，做到合理、快速地处理还需要班主任在事件的处理过程中注意处理的技巧和艺术。

（一）冷处理法

所谓冷处理，就是指班主任在处理某些突发事件时，不要急于表

态,急于下结论,而应该保持自己头脑的冷静和情绪的镇定,先听取事件当事人各方的陈述,并冷静观察、沉着分析现场的情况,再采取最佳的方法解决突发事件或是等到把整个事件的前因后果调查清楚,制订出相对的应对措施再去处理。

对事件进行冷处理,一方面是给学生"降温",缓和学生的激动情绪,以缓解矛盾;另一方面也可以让班主任保持冷静,客观、公正地处理问题。班主任在问题的处理过程中不能粗暴地把学生推到矛盾的对立面,导致学生产生抵触情绪,而要适当地给学生留点余地,必要时还要给学生一个下台阶的梯子。不仅如此,班主任在处理问题时还必须学会为学生着想,充分理解学生,善于从好的方面去分析他们的行为。如果班主任一味地从坏的方面去估量或批评学生,甚至粗暴地伤害学生的自尊心,学生就容易自暴自弃,产生心理上的对抗。尤其当学生与班主任之间发生矛盾时,班主任首先应该从检查自己的工作入手,多做自我批评,对学生采取容忍和宽容的态度,这样才能消除学生的恐惧心理和对立情绪,缩短班主任与学生之间的距离。班主任在工作中切忌采取报复行为或强硬手段,或是凭一时之气草率处理,而导致矛盾的升级。

此外,班主任在处理突发事件时不要急于求成,也不要急躁,而是要有耐心地给学生自我反省的时间,让学生把发热的头脑冷却下来,以达到学生自我教育的目的。总之,在突发事件发生时,班主任一定要保持头脑的冷静,结合学生的个性特点和具体情境,灵活处理问题。要注意的是冷处理并不是对问题置之不理,而是要学会随机应变,为学生创造一个"好的自我"和"坏的自我"进行斗争的情境,促使学生能够自我评价、自我反思，然后在他们有所省悟时加以引导，动之以情，晓之以理，学生就会心悦诚服，问题也就迎刃而解。需要指出的是，冷处理法在实际运用时要因人、因时、因事而异，不可对学生冷若冰霜，置之不理。

（二）轻松幽默法

在突发事件的处理过程中，班主任可以从侧面用一些轻松的话题巧妙地化解可能引起的矛盾，这是班主任处理班级突发事件的一种重要技巧，可以称为幽默化解法。班主任应该清楚一些突发事件是学生出于某种动机或逆反心理有意引起的，如果采用强制的方法直接处理往往会起到相反的效果，甚至会激化矛盾。此外在与学生的交往中，有时会因教师的本身知识或者能力的问题对学生存在误解而引起学生顶撞，或者因为某事处理不当，使教师自身处于一种尴尬的处境中。这时，班主任如能理智地分析形势，恰当地使用幽默化解法，就能够有效地缓和气氛，避免冲突，使问题迎刃而解。例如，有一位班主任在"支教"时由于对当地土话产生误解，使一位同学受了委屈。这位学生当场辩解，课堂里的气氛顿时紧张了起来，班主任马上说："经调查，我对某同学的指控不能成立，我撤销原判，为某同学平反昭雪。"然后，他把目光转向其他学生，认真而诚恳地说："今天我批评了某同学，是因为自己没有听懂他的话，错怪了他。为此，我向他表示歉意。"这位班主任通过使用法律公文体的夸张语言营造了幽默的氛围，顺利地为自己解了围，消除了与学生之间的矛盾。

（三）因势利导法

因势利导一是针对突发事件中的事件本身对学生进行引导。在日

常突发事件中，班主任不应该只看到违纪的一面，还应该视不同的情况敏锐地洞察和发现违纪行为中所蕴含的"闪光点"，善于挖掘、利用突发事件的积极因素，化不利为有利，化消极为积极，化被动为主动，使突发事件转化为良好的教育契机，这样不仅能有效地处理突发事件，还能够对学生起到很好的教育作用。二是针对突发事件中的学生进行引导。班主任在处理突发事件时，要善于根据不同年龄学生的心理特征和不同学生的性格、气质等特点，恰当地运用一定的教育方式对学生进行巧妙的引导，以缓解学生激动的情绪并化解矛盾，进而再通过正面教育，促使犯错误的学生认识到自己的问题，并改正错误。例如，曾经有一个大学生志愿者到山村支教，让全班38个学生投票选5个组长，结果在监票计票的时候发现共有47张票，这时马上就到下课时间了。老师觉得很生气，但是他冷静下来，在有学生提议"重新投票"和"让多投票的学生站起来向老师认错"时，这位志愿者所做的决定是请全体学生向后转，背对黑板，他也一样，然后请多投了票的同学上台去擦去黑板上相应的票数。之后，志愿者老师确定了五个组长人数并对全班同学说："犯了错误并不重要，重要的是要勇于改正。今天大家用自己的行动向我也向你们自己证明了你们已经长大了。有一些基本的东西，是我们在这个社会上生存所必需的。"这位老师没有因为少数人而否定大多数人的诚实和努力，而是因势利导，急中生智，察觉并充分利用了这一"突发事故"中的积极的教育因素，不但帮助犯错误的学生认识并改正了错误，而且让所有人包括教师自己都从中体验到了人性的光辉。

(四)曲折迂回法

曲折迂回法，指的是当教育学生的时机还不成熟时，班主任寻找新的解决矛盾冲突途径的一种教育方法。这种方法主要是避开了突发事件产生的直接原因，调整学生的心理状态，激发学生的情感，并从现有矛盾的消极因素中找出积极的因素，使学生的情感发生变化，以形成解决矛盾的有利契机，然后另辟蹊径，在新的情境中解决纠纷。班主任要认识到有些突发事件不宜采取直接处理的方法，这时可以采用"曲线"迂回的方式解决问题。

（五）当机立断法

当机立断法，指的是在班级突发事件发生发展的紧要关头，班主任应该立即做出决断，采取有效的紧急措施，控制事态的进一步发展，并促使突发事件得以有效解决。这种方法适用于处理急性突发事件，如学生持械殴斗、突发疾病以及发生人身安全事故等。由于这类突发事件情况紧急，不能延误，因此在处理时，班主任应表现出应有的办事魄力，当机立断，做出决定。绝不能拖泥带水，优柔寡断，延误时机，使问题进一步扩大。班主任面对危机迅速果断地做出决策，对于助长正气、增长信心、防止事态的发展起着至关重要的作用。如果犹豫不决，可能会使事件失去控制，引发更为严重的后果。

（六）爱心感化法

在班级突发事件中有些突发事件是由于学生心理上失衡，如自卑、抑郁、焦虑、绝望、逆反等不良心理造成的。面对这类突发事件，班主任最好的处理方法就是用自己的爱心化解矛盾。除了细致地了解学生的心理问题外，班主任还应积极帮助学生消除心理障碍，耐心倾听他们的心声，帮助他们解决实际困难，从生活上和学习上真诚地关心他们，用自己的真情实感去打动学生，以赢得学生的信任和尊重。只

有这样才能从根本上解决问题,化解矛盾,使学生能够健康的成长。

二、班级突发事件的处理步骤

(一)现场处理

俗话说:"良好的开端是成功的一半"。班主任在遇到班级突发事件时,应该在第一时间到达现场,进行现场处理。

在班级突发事件的现场处理过程中,班主任首先应该要沉着冷静、机智果断。如果一遇到发生的事情就"怒气冲冠",大发雷霆,失去理智,也就不可能思考和选择最佳的处理问题的措施,而且使全班学生的思想、注意力集中到这个事件上,容易激发师生之间的矛盾,有损教师的形象。因此,班主任遇到突发事件时要有超乎寻常的克制力,具有很高的心理承受力,应机智果断,尽可能地把当事人的感情平静下来,为下一步思考问题的解决赢得时间。

在现场处理过程中,班主任处理问题时要做到公平公正。不管事情是发生在学生与学生之间,还是学生与老师之间,班主任都要充分调查,了解事实的真相,以事实为依据,用恰当的方法化解矛盾,公平公正地处理问题。班主任在处理过程中不能偏心,不能以老眼光看人,更不能以势压人,否则会降低班主任在学生心中的威信。在寻求事件处理办法时,班主任可征求学生、家长、校领导的意见,使突发事件在必然的结果中得到解决。

在班级突发事件的现场处理过程中,班主任还应该积极疏导,争取第一时间抓住教育学生的契机。班级突发事件的发生,很有可能是教师平时疏于对某些学生品德、心理进行教育,使得事情在一定的潜在期后，遇到适应的时间、场合发生了。因此，班主任在现场处理时要善于发现学生的闪光点，鼓励学生用优点克服缺点，不要背思想包袱，启发学生进行自我教育。此外，还可以把对个别学生的教育看成是一次对全班学生引导教育的契机，让全体学生的思想品德得到一次净化，推动班级管理工作得到进一步发展。

如果遇到的突发事件涉及公共安全、学生个人伤亡等，班主任在进行现场处理时更要冷静沉着，以防止事态扩大，以救治学生为第一要务。

（二）深入调查

作为班主任，在班级管理中经常会遇到突发事件，突发事件一旦发生，必须采取科学的、行之有效的步骤去妥善解决。冷静沉着、机智果断地进行现场处理后，还应该展开深入调查。通过深入调查与分析，有利于掌握突发事件的全过程，从而能够更好地吸取经验教训，防止此类突发事件的再次发生。

1. 深入调查，全面细致

突发事件由于事发突然，其发生和发展过程往往不为班主任所了解，因此班主任对事件发生不可能做到事先心中有数，认真进行调查分析，弄清事件真相，这对处理好突发事件非常重要。要掌握事件的全过程、弄清事件真相要注意以下两点：

（1）对突发事件有一个基本的分析。突发事件发生后，班主任要对已掌握的一些基本事实和有关情况进行初步的分析，弄清事件的性质，例如，打架事件要弄清是属于一般性的纠纷，还是团伙斗殴；如果是违犯纪律现象，则要弄清是出于学生爱动、调皮的天性，还是对老

师有成见故意捣乱，然后结合平时的表现，对突发事件有一个清醒的认识和判断。

(2) 调查分析必须深入细致。对突发事件的调查分析，不能浮在表面上，必须深入，从各个方面，通过多种途径全面、细致地进行调查分析，要通过对当事者、知情者的全面了解分析，真正弄清事件发生的原因及事件性质，切实把握当事者的思想动机。要搞好调查分析首先要搞好对当事者的询问及调查。实践表明，学生随着知识和年龄的增长，其心理愈来愈趋向封闭，学生有了"心事"或"心里话"，不愿意轻易向家长、老师及同学吐露，因此，要弄清突发事件的来龙去脉，班主任必须切实做好当事者的思想工作，启发、引导学生讲明情况，道出缘由。其次，要对与当事者交往密切的同学、朋友进行调查研究，因为他们与当事者之间的思想交流、信息沟通比较密切，他们最了解当事者思想的细微变化，也最了解、最熟悉突发事件的内情，班主任可以通过对与当事者交往密切的同学、朋友的调查，弄清突发事件的具体经过，了解当事者的思想表现情况，客观地分析突发事件的内在原因。此外，如有必要可通过电话、家访等方式联系学生家长，通过学生在家里的表现来进行分析。

2. 剖析原因，弄清实质

班主任通过分析调查，掌握了突发事件的全过程后，就要分析事发原因，弄清实质。在这一过程中要注意两点：

(1) 分析原因要坚持实事求是。班主任对引发事件的原因进行分析时应以事实为依据，客观地分析问题。如果完全凭借自己的主观经验或是戴着有色眼镜看人，则很难发现事情的真相，容易做出错误的决策,影响班级突发事件的解决效果。

(2) 以学生为本。班主任分析事件原因时应充分考虑到学生自身的特点,不能脱离学生的心理特点、逻辑思维特点以及思想认识特点,尤其不能以成人化的模式去进行评判,以免损害学生的自尊心,使学生产生逆反心理,使自己的工作处于被动。

(三) 慎重处理

掌握了事件发生的全过程,了解事件实质后,对事件的处理班主任要慎重考虑,不能草率从事。

1. 要扎实细致地做工作,切忌掉以轻心、疏忽大意

班主任处理事件不能"一板一眼"、千篇一律,要因人而异,采取有针对性的措施。例如,对性格内向、情绪低落而又犯了非原则性错误的学生,班主任要正面疏导,可以进行个别谈话,使其认识到自己的错误;对脾气暴躁,逆反心理严重的学生,班主任要心平气和、推心置腹,防止学生出现抵触情绪。

2. 要避免热处理,坚持冷处理

突发事件的爆发往往伴随着学生的激情和冲动,如果以强硬的办法进行热处理,就会犹如火上加油一样,不但不利于问题的解决,还会促使矛盾进一步激化。采取冷处理,首先是给学生降温、缓解矛盾、缓和情绪。班主任不能粗暴地把学生推到矛盾的对立面,使学生产生抵触情绪,要给学生留点余地,必要时要给学生一个下台阶的梯子。不仅如此,班主任还应为学生着想,充分理解学生的思想感情特点,从好的方面去考虑他们的行为。如果班主任一味地从坏的方面去估量或批评学生,甚至粗暴地伤害学生的自尊心,学生就容易自暴自弃,产生

心理上的对抗。尤其当学生与教师发生矛盾时，教师应该表现出高姿态，主动从检查自己的工作入手，多做自我批评，采取容忍和宽容的态度，这样才能消除学生的恐惧心理和对立情绪，缩短教师与学生之间的距离。在处理问题时，班主任切忌采取报复行为或强硬手段，或凭一时之怒处理，这样只会使矛盾升温，适得其反。其次，处理突发事件不要急于求成，要有耐心，不能急躁，给学生自我反省的时间，让学生把发热的头脑冷却下来，才能达到学生自我教育的目的。

总之，处理突发事件要坚持说服教育，以理服人，使当事者服，使旁观者悟，使整个班集体和谐发展。

(四)做好善后

通过深入调查，班主任对班级突发事件进行了慎重处理后，还应该做好突发事件的善后工作。

1. 善后处理应注意的事项

(1) 既要就事论事，又不能就事论事

就事论事：指在明辨是非、弄清事实真相前，不扩大，也不缩小，完全尊重"事实真相"。

又不能就事论事：指的是在表面"事实真相"的背后往往存在着较为复杂的原因，要达到比较彻底和合理地解决问题，就必须透过现象分析本质。

(2) 既要因人而异，又不能因人而异

因人而异：指在教育人的具体要求和处理问题的具体方式方法上，要充分考虑到学生的个性观点。

又不能因人而异：指对于相同性质的事件其是非标准是同一的，

在事实面前人人平等，绝不能把家庭、社会等因素考虑进去而影响对事实真相的判断和对是非标准的确定。

(3) 既要快刀斩乱麻，又要冷处理

快刀斩乱麻：指对有些需要当机立断，采取有效措施应对突发事件的，应该立即做出坚决地判断与果断地处理。

冷处理：指在具体处理时要冷静，尽量避免主观臆断。

(4) 既要给学生留面子，又不能留面子

留面子：指批评要注意场合，也要尊重学生的人格和自尊心。

不留面子：指对于一些发生性质恶劣事件的学生，班主任该严厉时一定要严厉，该严格要求一定要严格要求，这也是对学生，对工作认真负责的一种表现。

(5) 既要考虑到学生的家庭因素，又不能考虑家庭因素

考虑家庭因素：指有些突发事件的发生与家庭及其成员的影响很大，因此，处理时家长和班主任要协调一致，密切配合，才能收到较好的教育效果。忽视家庭影响和家长教育的认识是违背教育规律的。

不能考虑家庭因素：指对当事人的冷处理，不能因其父母的社会地位而影响到处理的公平和公正。

2. 做好善后工作的"五要"

(1) 一要处理好班主任与当事学生的关系；

(2) 二要处理好全体同学和当事学生的关系；

(3) 三要处理好班干部和当事学生的关系；

(4) 四要处理好当事同学和原来小团体成员时间的关系；

(5) 五要处理好班主任与当事学生家长的关系；

3. 做好善后工作的"十忌"：

(1) 一忌师道尊严，高高在上；

(2) 二忌以力服人，主观武断；

(3) 三忌任性轻率，急于求成；

(4) 四忌偏心偏爱，厚此薄彼；

(5) 五忌夸夸其谈，无的放矢；

(6) 六忌偏听偏信，时紧时松；

(7) 七忌言行不一，光说不做；

(8) 八忌头痛医头，脚痛医脚；

(9) 九忌管得过细，批评过繁；

(10) 十忌数罪并罚，一棒打死。

（五）总结与反思

班级突发事件处理结束，班主任还应及时进行总结与反思，从突发事件中吸取教训，积累处理班级突发事件的经验。班主任的事后总结与反思可以从以下几个方面考虑：

1. 学校建立校园安全管理机制，完善制度

安全是学校最为基础的工作，是重中之重。学校是学生健康成长的重要特定环境，保证学生的安全是学校以及教师时刻不能松懈的重要工作。所以，从管理者层面来讲，学校要完善管理制度，建立学校安全管理网络，将各方面的安全要求落到实处，在教职员工心中树立"安全第一"的观念意识。班主任有责任对学校安全的相关工作提出自己的建议，为学生的学习、生活创造一个安全的环境。

2. 加强学习，提高处理问题的能力

作为班主任要保持高度的责任意识，将学生的安全、健康成长当作重要的工作去完成。在突发事件处理结束后，班主任应详细回顾整个事件的经过，不放过每一个细节，认真总结自己在事件处理过程中的得失，最好能写一份详细的自我总结，对自己不足的方面通过学习获得提高，从而丰富自己处理突发事件的相关知识，为将来更好地处理班级突发事件积累宝贵的经验。

3. 完善应急预案，熟悉事件处理程序

完备的突发事件处理应急预案是快速、有效地解决突发事件的基础。突发事件的处理不仅需要经验的积累、工作技能的培养，更需要有及时、有效的应对措施和严格的处理程序。通过对已发生的突发事件的总结，班主任可以发现原有预案的不足，从而协助学校相关部门制订和完善相应的应急预案，规范处理问题的基本流程，规定每一个环节中责任人或部门的责任，明确处理问题的基本原则等内容，并认真学习和演练，熟悉事件处理程序，做到对突发事件的处理过程心中有数，实现处理过程的规范、合理、迅速。

4. 加强沟通，密切家校关系，优化学校与外部资源的关系

要实现全面育人离不开学校、家庭、社会的合力作用。学校教育离不开家长的支持和协助，家校和谐、关系密切是学校解决各种问题的有效前提。所以，班主任应利用各种渠道实现学校与家庭、教师与家长的有效沟通，让家长了解学校、了解老师，这样才能让难事、问题、矛盾在相互理解的基础上得到高效的解决。

【案例一】

巧妙化解争吵风波

小王、小林两位同学在课间打篮球的时候发生了争吵,互不相让,结果扭打起来。上课进教室时小林恶狠狠地说:"你等着,放了学咱俩再算账!"看来,仇恨还挺深的。正好班主任老师在上语文课,他看在眼里,记在心上,但没有表态,只让他们先好好上课。下课后,班主任在布置下午大扫除时,故意回避他们的纠纷,笑着对他们说:"你们两人都喜欢体育,热爱集体,要求进步,中午大扫除,我想让你俩共同完成刷围墙的任务,怎么样?"不等他们回答,老师又鼓励说:"我相信你们一定能出色地完成任务!"这时,两个学生的对立情绪已有所缓解,各自默默回家了。下午劳动时,他们配合默契,很快把围墙刷得干干净净。班主任看见,及时地表扬了他们,并且当着许多同学的面,要他们谈谈干得这么好的感受。小王说:"这是小林的功劳,是他从家里带来洗衣粉和刷子。"小林抢着说:"小王还从学校附近的亲戚家借来了小桶。"这时班主任欣慰地插上一句:"是你俩齐心协力团结得好。"他俩高兴得脸上像开了花,一场风波烟消云散。

(摘自:史铁成,张宝臣,张忠恒著,《班主任工作操作策略》,哈尔滨工业大学出版社,1998)

【点评】

这是一起班级学生之间发生冲突的突发事件。班主任在处理这起事件时,没有采取直接批评、教育的方式,而是先把事情放置一边做了一个冷处理,让学生之间的怒气先得到平息,接着使用了曲折迂回的处理技巧,让两个有矛盾的学生进行合作,共同完成一项任务,这使得两个学生不仅在合作的过程中消除了矛盾,还能够互相赞赏,建立良好的关系,取得了很好的效果。由此可见,班主任在处理班级突发事件时使用一些艺术的方法往往会取得更好的效果。

【案例二】

师生冲突的合理解决

星期三下午,第二节课的上课铃声响过了。初二某班是自习课。张老师经过该班教室时,由于身体不舒服便忍不住咳嗽了几下。这时,该班的陈明同学跟着张老师的咳嗽声连续高声咳了几下,全班同学哄堂大笑。张老师联想到前几天自己经过该班时也有学生模仿自己咳嗽的现象,不禁走入教室,问是哪一位同学模仿自己的。几位同学都说是陈明。张老师便立即叫陈明到教师办公室来,问他为什么要模仿教师咳嗽。陈明不仅不承认错误,反而辱骂教师。双方在言语上便冲撞起来。陈明甚至恐吓张老师:"你走着瞧,你出街便打倒你。"张老师听到这句话后,更加气愤了,一手抓着陈明的手,另一只手抓住陈明的脖子想把他的头按下去。陈明边反抗边吼:"你敢打我,我叫我爸爸来收拾你!"后来,办公室的其他教师过来劝开双方。陈明悻悻地走了。

第二天上午,陈明的父亲带领十几个人气势汹汹地来到学校,大吵大闹,说张老师打伤了陈明的头,以致他头晕、呕吐,不能继续上课,要立即住院,并要学校和张老师拿出十几万元来做医疗费,如果不给便"打碎张老师的骨头。"其中闹事者还打坏了学校的1扇门和3把椅子。面对这紧张的气氛,班主任沉住气,保持冷静的头脑及和蔼的态度。他首先安排陈明

的父亲和叔叔坐下来，并倒杯开水给他们，让他们先冷静下来，让他们明白这里是学校，是可以说理和解决问题的地方。其次老师找来陈明，让他把事情的经过详细如实地说给大家。但陈明却歪曲了事实，强调张老师把他打得很重，显得伤势很严重的样子，非住院不可。在场的几位教师都说陈明夸大了冲突的情况。在班主任和几位教师耐心细致的教育下，陈明逐渐有了悔意。老师抓紧时机开导他：如果不弄清事实的经过，就会导致严重的后果，这是大家都不希望看到的。这时，他流着泪讲清了和张老师发生冲突的真实经过，承认张老师没有打伤自己，是自己假装被张老师打伤的。陈明说出了夸大冲突的真实原因，是想利用家里人多势众来整治张老师，为自己出口气，因为张老师太不给自己面子了。

班主任弄清了整个事件的真实情况后，就这事作了比较客观的分析：(1)张老师在面对学生不够尊重自己时，头脑不够冷静、理智，以简单粗暴的态度处理问题，以致后来发展到出手抓学生。这些做法都是错误的。《中华人民共和国义务教育法》和《中华人民共和国未成年人保护法》中都明确规定，严禁体罚学生，要尊重学生的人格。张老师用手抓陈明的脖子，并按在台面上，这是不对的，是教育方法的失当。张老师应当承认错误。学校以后将对教师加强这方面的教育。(2)身为学生的陈明，应该尊重教师，不应该模仿教师的咳嗽声，更不应辱骂、恐吓教师，也不应说假话欺骗家长，扩大事态。这样做，会给家长、学校及自己带来严重的后果，不利于自己的身心健康。陈明应将事情向学校反映，由学校做出公正的处理，不应向家长虚报经过，夸大事实，带人到校闹事。《中华人民共和国教育法》《中华人民共和国教师法》中都明文规定要尊敬教师，禁止侮辱教师。陈明应当受到学校的批评教育。(3)陈明的家长，不明事情真相，轻信自己的孩子，带领十多个人到校闹事，辱骂、恐吓教师，甚至砸烂公共财物，扰乱了学校的教学秩序，在学校及社会上造成了不良的影响。所以学生家长要向教师赔礼道歉，并赔偿学校的物质损失。在班主任做了客观、冷静的分析和说理后，教师、学生、家长都认识到了自己的错误，都做了自我批评。最后大家都高高兴兴地握手言和了。

（摘自：郑克俭，王作廷编著，《新时期班主任工作的创新》，陕西师范大学出版社，2005）

【点评】

这是一起学生、家长与任课教师之间发生严重冲突的班级突发事件。在这起事件中，教师与学生之间不仅有口头上的冲突，甚至还出现了肢体上的冲突，加上学生家长的参与，如果处理不当会影响学校正常的教学工作，加剧师生双方的矛盾，造成严重的后果。班主任在事件的处理过程中通过对学生耐心细致地说服和教育，先了解了事情的真相，再做出客观的分析，既指出了任课教师的错误，也找出了学生和家长的过错，既没有偏袒教师一方，也没有包庇学生和家长，公正地做出了处理，很好地平息了突发事件。可见，班主任在处理突发事件时不仅需要耐心细致，以事实为根据，更要做到公平、公正，客观做出评价，以理服人，才能让矛盾冲突中的各方满意，使班级突发事件得到有效的解决。

（本章撰稿人：黄苹）

第四章 班级群体性突发事件的应对

第一节 什么是班级群体性突发事件

一、班级群体性突发事件的含义

班级群体性突发事件,是指在较短时间内突然爆发的班级群体与群体之间,班级群体与教师之间,班级群体与其他组织之间的对抗学校管理甚至是破坏社会公共财物,危害他人人身安全,扰乱社会秩序的事件。

班级突发性群体事件包括:罢课、罢餐、校园内外非法集会、游行、示威、请愿、上访、聚众闹事等事件;也包括各种非法传教活动,政治性活动等可能引发影响校园和社会稳定的事件。

学校突发群体性事件可以划分为如下四个级别:

(一) 聚集事件失控,未经批准走出校门进行大规模的游行、集会、绝食、静坐、请愿,实施打砸抢,引发地区、行业性的连锁反应,已形成严重影响社会稳定的大规模群体性事件;针对师生的各类恐怖袭击事件,为I级。

(二) 聚集事件失控,校园网上出现大面积的串联、煽动和蛊惑信息,出现多校串联聚集趋势;校内出现未经批准的大规模游行、集会、静坐、请愿等行为,学校正常教育教学秩序受到严重影响甚至瘫痪,为II级。

(三) 单个突发事件引发连锁反应,校内出现违法内容的各种横幅、标语、大小字报,有关事件的讨论已攀升为校园网BBS热点问题之一,引发校内局部聚集,一次或累计聚集人数不足100人,但已影响和干扰学校正常教育教学生活秩序的群体性事件,为III级。

(四) 事件处于单个事件状态,可能出现连锁反应并引起聚集,群体性事端呈萌芽状态,师生中出现少数过激言论和行为,校内出现大小字报,或校园网上出现"帖子",呈现可能会影响校园稳定的苗头性信息,为IV级。

二、班级群体性突发事件的特点

(一) 缺乏理性思考,易受操控。在群体性突发事件中,学生的行动方式往往会受到环境、气氛的影响,带有明显的感情色彩,加上中学生身心尚未完全成熟,缺乏社会经验,因此很难冷静、客观地对事情做出正确的判断。在这种情况下,只要外界施加一些影响,他们就很容易行动起来。

(二) 不确定性。在班级群体性突发事件中,学生之间传递信息的方式多样且较为隐蔽,因此班主任以及学校在事件中掌握的信息较少。在事件的发展过程中事情的变化也较快,致使班级群体性突发事件的结果具有不确定性。

(三) 影响力大。班级群体性突发事件涉及学生人数多,容易引发

社会各界的关注,从而产生广泛的社会影响。

(四)后果严重。班级群体性突发事件如果处理不当,很可能会转化为社会危机,产生严重的后果。

三、班级群体性突发事件的分类

中学生群体性突发事件具有多样性,班主任只有正确认识,认真分析研究这些事件的性质,根据不同事件的性质采取不同的应对措施,才能够进行有效地处理。根据群体性突发事件诱发的原因不同,可分为以下几类。

(一)自然诱发性群体性突发事件

自然诱发性群体性突发事件,是指因非人为因素或由客观自然条件所引发的群体性突发事件。例如,2003年爆发的"非典";2009年爆发的"甲流",以及地震、水灾、火灾等自然灾害。

(二)人为诱发性群体性突发事件

人为诱发性群体性突发事件,是指由外在的人为因素和社会条件引发的群体性突发事件。例如学校举行班级间足球赛,由于裁判判罚不公而引起班级间的冲突行为。

(三)内部诱发性群体性突发事件

内部诱发性群体性突发事件,是指由于学校内部的管理、教学以及改革等原因引发的群体性突发事件。例如,学校补课收费、宿舍管理、更换教师、教学事故等问题引发的学生罢课、罢餐、请愿、示威等事件。

(四)外部诱发性群体性突发事件

外部诱发性群体性突发事件,是指由学校以外的因素引发的群体性突发事件。例如，不法组织在学校散发宣传资料引发学生的不满情绪；学校发生外来人员盗窃案件引发的学生不满情绪等所产生的突发事件。

四、班级群体性突发事件产生的原因

中学生班级群体性突发事件产生的原因是多方面的，充分认识突发事件产生的原因，有助于班主任在日常工作中加强管理，有效防范，合理应对。班级群体性突发事件的产生既有政治、经济、文化、教育、管理方面的原因，也有思想、道德、人生观、价值观方面的原因；既有学生主观自我心理意识的原因，又有环境、人际关系等方面的原因。这些原因主要有以下几个：

（一）中学生身心发育尚不成熟

中学生正处于身心发展的巨大变化时期，内心矛盾冲突经常发生，情绪波动大，遇事比较冲动，自控能力差，再加上缺少社会经验，做事欠考虑，所以如果没有正确的引导，很容易受到唆使、鼓动，从而引发群体性突发事件。

（二）校园周边环境的影响

良好的校园环境以及校园周边环境对中学生的学习、成长具有重要的作用。学校周边如果居住往来人员复杂，摊贩林立，街道嘈杂、脏乱等，这些都会对学生的情绪、心理造成重要的影响，如果不能得到重视和有效的解决，必然会引起学生甚至家长的不满，而导致群体性突发事件的爆发。

（三）学校忽视学生的心理健康教育

当代中学生多数在家中娇生惯养，以自我为中心，随意性强，做事

不考虑后果,因此容易意气用事,而学校在学校教育中往往重视学生成绩忽视了学生的心理健康教育,未能及时疏导学生的不满情绪,从而引发群体性突发事件。

(四)社会影响

当代中学生思想活跃,易于接受新生事物,关心时事,具有强烈的爱国热情,对于一些重大的社会事件容易形成快速反应,这也成为了爆发群体性突发事件的一个因素。

第二节　班级群体性突发事件的预防

班级群体性突发事件涉及面广,影响力强,控制难度大,预防工作就显得更为重要。班主任在班级管理中如果能够针对群体性突发事件大的特点、成因做出分析,采取必要的预防措施,不仅可以避免班级群体性突发事件的发生,还能及早发现班级群体性突发事件的苗头,将事件控制在早期萌芽状态,维护学校和班级正常的教学秩序以及安全稳定。

一、班级群体性突发事件的预防原则

对班级群体性突发事件的预防,班主任可遵循防患于未然,常抓不懈,家校配合等原则,以达到避免或减少班级群体性突发事件的目的。

(一)防患于未然原则

一直以来我国就有"未雨绸缪"、"居安思危"、"存而不忘亡,安而不忘危,治而不忘乱"的危机管理思想。作为班主任也应将这些思想融入对班级的日常管理中,尤其是针对班级群体性突发事件,不能等到事件发生才进行处理,那样很容易造成不良的后果。因此,班主任要以防患于未然为原则,防微杜渐,力求避免班级群体性突发事件的发生。

(二)常抓不懈原则

引发班级群体性突发事件的原因很多,这也就意味着班级群体性突发事件随时都有爆发的可能性。班主任只有时刻警惕,留心观察,才能及时发现问题,解决矛盾,排除隐患。因此,班主任应将预防班级群体性突发事件作为日常工作的一部分,常抓不懈。

(三)家校配合原则

班级群体性突发事件的一个重要特点就是多人参与。随着通讯联络方式的便捷,学生更喜欢通过手机、网络等方式相互联系、传递信息,在很多起群体性突发事件中,参与者多是通过手机短信进行组织联络,这也给班主任的日常管理工作带来了困难。因此,班主任平时应与学生家长建立良好的沟通联系方式,定期向家长了解学生情况,让家长参与到群体性突发事件的预防工作中来,只要发现问题就及时与班主任沟通联系,家校配合,力求将群体性突发事件控制在萌芽时期。

二、班级群体性突发事件的预防措施

有效地预防和控制班级群体性突发事件的发生,班主任需要从加强教育,关爱学生,重视沟通,提高班级管理质量等方面入手。

（一）加强学生思想教育，增强学生明辨是非的能力

中学生还没有完全形成自己的人生观、价值观，容易受人鼓动，做事情易受情绪影响，尤其是当代中学生思维活跃，接受信息快，讲义气，做事冲动，这些特点极易引发班级群体性突发事件。班主任要充分利用上课、班会、课外活动等时机，加强对学生的思想政治教育，引导学生形成正确的世界观、人生观和价值观，更重要的是要增强学生明辨是非的能力，学会理性思考，不要意气用事，以此保证从学生思想上预防班级群体性突发事件的爆发。

（二）加强法制教育，提高学生法律意识

参与群体性事件的学生往往很少考虑事情的后果，尤其对于一些涉及违法的行为更缺乏认识，在事情发生之后才追悔莫及。因此，班主任要重视对学生的法制教育，通过学生乐于接受的形式为他们普及法律常识，让他们充分认识到参与群体性突发事件有可能引发的后果，以及可能承担的法律责任，以此提高学生的法律意识，用法治思想预防班级群体性突发事件的爆发。

（三）关爱学生，重视学生心理健康教育

激烈的社会竞争，繁重的学习任务，给中学生造成了沉重的心理压力。面对考试分数、父母期望、教师要求、人际关系等众多问题，心理发育尚未成熟的中学生难以应对，很容易导致心理问题的出现，产生与父母、教师，甚至学校、社会的对立情绪，引发群体性突发事件。班主任是与学生接触最多、对学生影响最大的人，因此，班主任应关爱学生，及时帮助学生疏导心理压力，缓解他们的对立情绪，以避免或减少有可能发生的冲突，用自己的爱心预防班级群体性事件的爆发。

（四）重视与学生的沟通，建立良好的信息沟通渠道

班主任深入、细致地了解学生思想，掌握学生动向，能够及时发现问题，是预防班级群体性突发事件爆发的基本保证。班主任对班级中每个学生的情况都应该了如指掌，在日常生活中多与学生进行沟通，了解他们的思想状况，听取他们的意见、建议。为保证与学生能建立有效的沟通，班主任应建立多种多样的信息沟通渠道和沟通方式，可以通过面谈、电话、短信、网络等方式通过有效沟通，与学生建立起良好的师生关系，及时发现学生的异常行为，消除隐患，以预防班级群体性突发事件的爆发。

（五）加强管理，培养学生自我管理意识

班级管理对保证班级和谐、稳定有着重要的作用。班主任在班级日常管理中应以学生为本，充分尊重学生，从班级实际情况出发，制订合理的班级管理章程，调动学生参与班级管理的积极性。在处理问题时班主任还要做到一视同仁、赏罚分明，加强学生的组织纪律性，尤其是要培养学生自我管理的意识和能力，在自我管理中预防班级群体性突发事件的爆发。

第三节　班级群体性突发事件的紧急处置

班级群体性突发事件以预防为主，但在校园中仍然时有发生，作为班主任在发生班级群体性突发事件时除了需要亲临现场外，还需要掌握基本的应对方法，快速果断地做出处理，尽快解决问题，减少损

失,维护学校的稳定。

一、班级群体性突发事件处置的原则

班级突发性群体事件的紧急处置,应以劝说疏导,尽快解决,依法处置等作为原则,力求在最短的时间、最小的范围内解决问题。

(一)劝说疏导原则

班主任应清楚班级群体性突发事件一般因涉及学生利益等问题而引发,属于人民内部矛盾,因此在进行处置时,对学生应以说服教育为主。班主任在处理时应对学生动之以情,晓之以理,耐心做好对学生的劝说和疏导工作,并积极协调相关方面,帮助共同解决矛盾。在做好学生思想工作的同时,班主任还要做到为学生解决实际问题,只有把学生提出的问题解决好,才能更快地平息班级群体性突发事件。

(二)尽快解决原则

为避免班级群体性突发事件的进一步扩大和升级,班主任在处置时要以尽快解决为原则。只有尽快尽早地解决问题,才能保证把事件的影响控制在较小的范围,把损失降到最低程度,减轻由班级群体性突发事件所带来的不良后果。因此,一旦发生班级群体性突发事件,班主任一定要在第一时间到达现场,及时了解事件的起因,积极寻求解决的方法,力求把事件控制在始发阶段,以避免对学校和社会造成严重的后果。

(三)协同处理原则

班级群体性突发事件的处置往往并非班主任以一己之力可以解决,还可能需要教育部门、学校其他部门的共同参与。在处置过程中,班主任应积极配合相关部门和领导,在上级的统一指挥下,协同一致,共同处理好问题。

(四)依法处置原则

对班级群体性突发事件的处置在劝说无效的情况下,班主任可以根据相关的法律、法规依法进行处理。在处理之前,班主任应先向学生说明法律中的相关规定,让学生充分认识到其行为的严重后果,如果学生仍然一意孤行,造成严重后果的,班主任应协助相关部门对学生依法进行处罚。

二、班级群体性突发事件处置的方法

对班级群体性突发事件的处置,班主任应以"发现及时,控制得当,处置合理"作为班主任的工作目标,在处置中以教育疏导为主,平稳解决矛盾,最大限度地减少损失,缩小影响范围,以维护班级、学校的稳定。班级群体性突发事件一般包括萌芽、发展、爆发、平息四个阶段,其中萌芽、发展阶段属于群体性突发事件的初期阶段,爆发、平息阶段属于群体性突发事件的中期阶段,事件平息后的阶段属于群体性突发事件的后期阶段。班主任在处置时应针对事件的不同性质和不同发展阶段的特点采取合理的应对措施。

(一)班级群体性突发事件初期阶段的处置

对于班级群体性突发事件处于初期阶段的处置效果直接影响着整个事件处置的成败。如果在初期阶段发现及时,处置得当,就能够有效地化解班级群体性突发事件,使事件得到平息;但如果处置不当就会激化矛盾,使事件进一步扩大和恶化。因此,班主任认真做好班

级群体性突发事件初期阶段的处置工作是非常关键的。

1. 班级群体性突发事件初期阶段的主要表现

班主任在日常工作中应留心观察学生的行为,争取及早发现班级群体性突发事件爆发的可能性,及早采取措施。对于班级群体性突发事件在初期阶段学生的主要表现为:在日常学习和生活中出现一些过激的言论和行为;利用手机、网络等渠道传递相关信息,甚至出现一些写有不满言论的字条、标语等;学生聚集在一起讨论相关问题,发泄不满。

2. 班级群体性突发事件初期阶段的主要处置方法

(1) 了解情况,制订措施

班主任发现学生有爆发群体性事件的萌芽时,应立即通过与个别学生谈话,与班级学生干部沟通,与学生家长联系等方式及时了解事件情况,掌握学生思想动态,然后根据掌握的情况做出分析、判断,制订出防止事件升级的有效措施。同时向学校相关领导进行汇报。

(2) 防止有害信息传播

对于出现在班级中的字条、标语等应立即清除,防止向班级以外的范围传播。

(3) 疏散聚集学生,与学生代表进行谈话

学生出现聚集情况时,班主任应立即到达聚集现场,耐心劝说、疏导,先将聚集的学生疏散,然后与聚集学生的代表进行谈话,了解事件爆发的缘由以及学生的想法和要求,对于学生的合理要求班主任应尽可能给予解决,对于班主任无法解决的问题,应主动向学生说明情况,争取学生的理解,并积极帮助学生通过合理的方式和途径解决问题。

(4) 做好事件"带头人"的教育工作

对班级群体性突发事件中的"带头人"，班主任应单独与其谈话，了解情况，做好说服教育工作。

(5) 做好应对预案

在班级群体性突发事件的初期阶段，班主任不可掉以轻心，还应做好预防事件进一步扩大的处理预案，在预案的制订上要力求可行性和灵活性相结合。

对中学生群体性突发事件的预防与正确处理能有效减少事件造成的危害，因此各级中学应根据本校实际情况制订出合理的群体性突发事件应急预案，确保群体性突发事件能得到快速、有效地解决。

(二)班级群体性突发事件中期阶段的处置

班级群体性突发事件的中期阶段，指事件已经爆发，班主任需要对已爆发的事件做出有效的应对和处理。群体性突发事件具有动态性和突变性的特点，因此在处理中，班主任应力求将事件控制在校内，坚持"宜解不宜结，宜散不宜聚，宜顺不宜激"的原则，服从领导指挥，配合相关部门工作，缩小事件的影响范围，尤其是要防止事件的进一步升级和扩大。

1. 班级群体性突发事件中期阶段的主要表现

班级群体性突发事件的中期阶段意味着班级群体性突发事件正式爆发，并已形成一定规模，学生出现集体罢课、罢餐、请愿、静坐等事件，学校正常的秩序受到影响。

2. 班级群体性突发事件中期阶段的主要处置方法

(1) 亲临现场，正确引导

班级群体性突发事件一旦爆发，班主任应在第一时间到达现场，沉着冷静地进行处理。首先，要弄清楚事情的缘由以及事态发展的情况，并向学校有关部门和相关领导汇报。根据事件的性质和事件发展的程度及时做出判断，依照相关规章制度和法律法规化解矛盾，对学生耐心劝说，做到动之以情，晓之以理，正确引导学生通过合理的方法解决问题，以避免事态的进一步恶化。

(2) 抓住"关键人物"，有效化解矛盾

班主任在对事件了解的过程中，要找到组织、影响事件的关键人物，这些人往往能左右整个事件的发展，对其他参与者也有着很大的影响，因此班主任在处置过程中应先找出这些人，耐心地对他们进行说服教育，通过他们影响其他的参与者，这样能够起到有效地化解矛盾的作用。

(3) 加强宣传教育，及时疏散人群

在班级群体性突发事件爆发后，班主任可以通过现场演讲、广播、短信等形式对参与学生进行思想政治教育和法制宣传，让学生清楚事件的危害性及其后果，教育学生遵纪守法。此外，班主任应及时澄清事情的真相，获得学生的信任和理解，尽快疏散聚集的学生和围观人员，防止被别有用心的人利用。

(4) 请求有关部门支援

在对班级群体性突发事件的处置过程中，如果事件的发展已超出班主任能力控制的范围，班主任应立即向上级领导汇报并提出请示，请求相关部门给予支持。如果事情进一步发展，出现违法行为时，可请求公安部门的支持。

（5）保障学生人身安全

在班级群体性突发事件中，班主任还有一项重要的职责就是防止学生受到人身伤害，尤其是在事件中出现打架斗殴等行为时，班主任应及时制止，或是配合公安机关的相关工作，以保障学生的人身安全。

（6）及时向上级汇报请示

在对班级群体性突发事件的处置过程中，班主任还应及时将事件发生的时间、地点、规模、缘由，以及参加人员情况，事件发展情况，已采取的应对措施等情况向上级进行汇报，遇到问题时及时请示，并听取上级的指示，以迅速化解矛盾，平息事件。

（三）班级群体性突发事件后期阶段的处置

班级群体性突发事件后期阶段的处置，主要是在事件平息之后，班主任要做好学生的思想稳定工作，尽快让学生恢复正常的学习和生活秩序，消除事件带来的不良后果。

（1）做好总结

尽管事件已经平息，但班主任仍然需要仔细分析整个事件的过程，从中总结经验，找出工作中的不足，及时完善和提高，为今后处理类似事件积累经验。

（2）排出隐患

针对事件的发生，班主任应对学生进行思想教育和法制宣传，让学生充分认识到自身的错误，学会正确处理问题的方法，稳定学生情绪，防止事件出现反复。同时，班主任还应对事件进行举一反三的分析，排除存在的隐患，避免班级群体性突发事件的再次发生。

(3) 做好善后工作

对学生在事件中提出的问题和要求,班主任能够解决的应该及时解决,无法解决的,应向学生说明情况,并创造条件尽快解决;应尽快恢复正常的教学工作,以减少事件造成的不良影响。

(4) 慎重处理事件参与者

对于事件的参与者,班主任在进行处理时要做到区别对待,对普通的参与者以劝说教育为主;对煽动、组织者应根据相关规定进行严肃处理;对出现违法行为者应配合相关部门追究相应的法律责任。

【案例一】

广东南雄中学发生极端暴力事件

2010年6月15日上午,广东省韶关市南雄高中发生学生暴动、罢课的恶性事件。广东省南雄中学领导班子私自决定取消端午节法定假日,当日上午原来出的通知以及已经发出的给家长的短信都进行作废。新通知发出后半小时,学生开始暴动,科任教师无法控制课堂,学生开始拍桌子,撕试卷、书籍等学习用品。下课后,大观楼、梁广榕教学大楼各楼层学生陆续向楼下扔垃圾、书籍、试卷等。学校政教处倾巢出动,进行纪律管理。由于学生情绪过于激动,以及对学校领导班子的不满(擅自收费补课,乱收资料费,以及被媒体曝光过的盗版书事件),政教处主任徐华明上至大观楼时,遭到学生毒打,由于场面过于混乱,多名教师束手无策,只能叫了120。由于学校想对该事件进行封锁,所以不敢向公共安全专家部门报案。徐华明被打后半小时便收到病危通知书,事态严重已经到了无法隐瞒了,此时学校才不得已报警。公共安全专家部门还没有到来,校园内闹事人员就进行了驱散。事情进一步暴露,警方已经介入调查,教育局对该事件表示也很棘手,学生大多为未成年人,学校各部门主任已经停职调查中。事情正在进一步调查。据学生透露,如果不把学校领导班子革职还会再发动此类事件。广大市民呼吁学校给学生压力大,领导班子内部存在很多问题,如果不是这样学生也不会发生此类极端暴力事件。此事在社会上影响恶劣。

(摘自: 南雄社区: http://bbs.nxmyhome.com)

【点评】

这是一起因学校取消学生法定假日的休息,引起学生不满而引发的群体性事件。在这次事件的处理过程中,学校缺乏积极有效的应对措施,致使事件进一步扩大,导致了严重的后果。在这次事件中,班主任应首先亲临事发地点,对学生做好解释、安抚工作,争取通过与学生的对话方式解决问题。学校在事件发展无法控制时,应及时向公安等部门请求援助并向上级部门汇报,协助相关部门做好各项处置工作。

【案例二】

湖北京山一中学生罢课事件

2012年4月5日晚上,湖北京山一中校方通知高三学生缴纳700元辅导资料费。部分学生拒绝缴纳。一些学生起哄,撕烂书本。随后,其他年级的学生响应,将学习资料撕毁并焚烧。有同学称,学校已经不是一次两次这样不明不白要求交钱了。校长表示,部分收费的确不合国家规定。

（荆楚网消息）近日在百度贴吧出现的一则反映京山一中乱收费的帖子，短短几天时间，数百名学生在贴吧发言讨论，4月5日晚上8点，有部分愤怒的学生将学习资料撕毁并在学校焚烧，要求学校给出解释。记者就学校收费问题以及当晚部分学生撕毁焚烧学习资料一事进行了采访。

贴文引发"爆吧"

记者在百度贴吧的"京山一中吧"看到，最早出现反映学校乱收费的帖子是在4月1日，随后两天，发帖跟帖的人数暴增，同时在线的人数达到五百余人。

在贴吧贴出的收费清单显示，其中一次学校收取的费用包括："试卷答题卡6元、好题本和错题本24元、文稿纸和笔记本12元、胶印费38元、空调维护费15元、多媒体维护费15元、周练费45元"等费用，在清单的最后，该次应该向学生收取的费用为520元。

在另外一张贴出来的照片中显示，这次收费是分文理科收取的，理科原价471.8元、文科原价442.1元的辅导资料费，学校给学生的优惠价格分别是360元和336元。其中有一本叫《早早》的杂志，京山一中的学生告诉记者，这本杂志是学校自己办的，开始说免费，后来又说收5元，但是最后是按照10元每期收取的，杂志半年出一期。

学生：撕书烧书是为了发泄怨气

4月5日晚，是学校通知高三年级学生缴纳700元辅导资料费的时间，部分学生找到老师拒绝缴纳这笔费用，并对学校的收费产生质疑。当晚八点，应是第二节晚自习时间，高三年级部分同学聚集在教室外面没有返回教室。开始是一些学生起哄，撕烂书本、试卷往楼下扔。随后，楼下高一、高二年级有学生到草坪上点燃书本和辅导资料，霎时，整栋教学楼都站满了学生，学生们拒绝回到教室。据高三年级理科班的李姓同学说，高一、高二年级这次也需要缴纳400元的资料费。

王姓同学回忆，"丢了好多书，跟下雪一样，把整个地面都盖住了。每一层都有，整栋楼都轰动了。有同学到草坪上点燃了书……"

事情发生后，老师劝同学们返回教室，但遭到学生拒绝，双方僵持了一段时间，在学校领导承诺会给大家一个满意的解释后，同学们才返回教室。

之所以有这样过激的行为，该同学解释说，这么做是为了发泄积累已久的怨气。学校已经不是一次两次这样不明不白地要求学生们交钱了，几乎每个月都有各种名目的收费，学校收取资料费时是将名目抄写在每个班级的黑板上，也征求学生的意见，只是告诉学生应该订哪些书，交多少钱，什么时间交钱，每次缴费后在花名册上签上名字，连个收据都不给，学生回去都不好给家长解释。他还介绍说，学校要求订的部分资料对学习没有多少帮助，有些文科生的资料却要求理科生也订，而且部分资料印刷质量很差。

校长: 清查不合理收费，积极整改

记者就学生反映学校乱收费的问题，电话采访了京山一中李泽新校长。李校长说，自己看过贴吧的照片，照片中的收费列支是基本属实的，学校在收取资料费的过程中，部分程序的确不合国家规定，导致了学生的过激行为，学校已在第一时间就发现的问题开会部署，制订了整改方案。

李校长介绍说，事情发生后，学校迅速采取了自查和整改措施，并积极回应学生的要求。学校将采取资料自愿购买原则，学生没有使用或认为不需要的资料，可以无条件地退还给学校，学校不收取任何费用；同时对

各年级学生征订的学习资料和收费情况进行全面清理,杜绝再出现违规行为;学校还将认真做好学生的思想工作,采取领导和老师包年级、包班、包学生的办法,向学生进行解释说明,解除学生和家长的疑虑,维护学校正常的教育教学秩序,搞好高考复习备考。

(摘自:中国广播网:http://www.cnr.cn)

【点评】

这是一起因学校滥收费引发的学生罢课事件。学校滥收费问题是引发群体性事件的主要因素,在这次事件中学校方面在事件爆发后采取了积极主动的态度,清查不合理的收费,采取自愿购买原则,积极回应学生要求等,使得这一突发事件得到了较好的控制。

班主任在这一事件中,应在收费前向学生做好解释工作,并将学生的反映传达给学校相关部门,争取防止这类事件的爆发。事情发生后,班主任应劝说、引导学生通过合理的方法解决问题,帮助学生做好与学校方面的沟通工作,防止事件的进一步发展。

(本章撰稿人:黄苹)

第五章 班级突发公共卫生事件的应对

第一节 什么是班级突发公共卫生事件

一、班级突发公共卫生事件的含义

公共卫生指的是通过社会的共同努力，积极改善环境卫生条件，有效预防和控制传染病及其他疾病的流行，培养人们良好的卫生习惯和文明的生活方式，提供医疗服务，以达到预防疾病，促进人民身体健康的目的。

2003年5月9日，国务院公布实施的《突发公共卫生事件应急条例》中将突发公共卫生事件定义为：突然发生，造成或者可能造成社会公众健康严重损害的重大传染病疫情、群体性不明原因疾病，重大食物和职业中毒以及其他严重影响公众健康的事件。

班级突发公共卫生事件，指的是以班级为突发公共卫生事件的对象，在班级学生中突然发生的传染病、不明原因疾病、食物中毒等影响班级学生健康的事件。

《中华人民共和国传染病防治法》规定的传染病分为甲类、乙类和丙类，共三类39种。

（一）甲类传染病，也称为强制管理传染病，2种：鼠疫、霍乱。

（二）乙类传染病，也称为严格管理传染病，26种：传染性非典型性肺炎、人感染高致病性禽流感、病毒性肝炎、细菌性和阿米巴痢疾、伤寒和副伤寒、艾滋病、淋病、梅毒、脊髓灰质炎、麻疹、百日咳、白喉、新生儿破伤风、流行性脑脊髓膜炎、猩红热、流行性出血热、狂犬病、钩端螺旋体病、布鲁菌病、炭疽、流行性乙型脑炎、肺结核、血吸虫病、疟疾、登革热、甲型H1N1流感。

（三）丙类传染病，也称为监测管理传染病，11种：流行性和地方性斑疹伤寒、黑热病、丝虫病、包虫病、麻风病、流行性感冒、流行性腮腺炎、风疹、急性出血性结膜炎，以及除霍乱、痢疾、伤寒和副伤寒以外的感染性腹泻病、手足口病。

二、班级突发公共卫生事件的特点

班级突发公共卫生事件通常具备以下特点：

（一）引发原因多样，发生不可预知

引发班级突发公共卫生事件的原因很多，既可能由各种各样的传染性疾病引发，也有可能是由于某种食物中毒引发，并且在事发之前一般没有任何的征兆，突如其来，不可预知。

（二）传染性强，影响人数多

突发公共卫生事件中的疾病通常具有较强的传染性。由于班级中学生人数较多，活动空间相对狭小，因此一旦有疫情爆发就会以非常快的速度在班级学生中传播，被传染的学生少则十几人，多则几十人，很容易成为群体性事件。

（三）持久性长，造成危害大

班级突发公共卫生事件的爆发不仅会造成师生身体健康上的危害，甚至还会危及到师生的生命安全，同时也会对学生的心理健康产生一定的危害，导致他们出现恐惧、焦虑等情绪。突发公共卫生事件不仅危害性大，其结果对学生甚至是学校造成的影响还会持续相当长的一段时间。

三、班级突发公共卫生事件的成因

班级突发性公共卫生事件的形成原因与学校、学生及社会等方面的因素是密不可分的。

（一）学校的因素

每个班级都是学校的一个组成部分，因此学校的问题不可避免地会对班级产生影响。

1. 对突发公共卫生事件缺乏认识

学校对突发公共卫生事件的特点、成因，尤其是危害性缺乏足够的认识，忽视对师生进行相关知识的宣传和教育，致使师生缺乏对传染病、中毒等问题的认识和预防，从而导致公共卫生事件的爆发。

2. 没有有效的突发公共卫生事件应急机制

学校没有建立起由专人负责的突发公共卫生事件应急处置机制，没有有效的应急预案，一旦爆发公共卫生事件就很难控制，往往延误抢救、治疗的时间，而造成严重的后果。

3. 存在多种诱发因素

学校人员密集，学生从早到晚基本都在校园中活动，因此，学校食堂的卫生状况、学生饮用水的水源卫生，学生学习和住宿的条件等都

会成为引发公共卫生事件的因素，如果学校不重视相关问题，很容易引发公共卫生事件。

（二）学生因素

繁重的学习任务致使很多中学生忽视了身体锻炼，造成身体素质较差，自身抵抗力较弱，加上班级人员密集，因此一旦有传染源进入，极易互相传染，很快就会传播开来。此外，还有一些学生没有良好的卫生习惯，喜欢喝生水，饭前便后不洗手，乱吃零食，随地吐痰等，这些不良行为习惯都极有可能引发疾病。

（三）社会因素

很多传染性疾病最初是在社会上爆发的，如"非典"、"甲流"，这些疾病的爆发会对校园产生极大的威胁。其次，校园周围大量缺乏卫生保证的食品的存在，以及一些犯罪分子故意投毒等都会成为引发班级，甚至是学校突发公共卫生事件的因素。

第二节　班级突发公共卫生事件的预防

尽管突发公共卫生事件经常猝不及防，但采取合理的预防措施，可以有效地减少突发公共卫生事件对班级造成的危害，形成学生较强的自我保护意识。

一、班级突发公共卫生事件预防的原则

班主任要想有效地预防班级突发公共卫生事件，在日常工作中可

遵循以预防为主、坚持不懈等原则,以预防班级突发公共卫生事件的爆发。

(一)预防为主原则

虽然班级公共卫生事件的爆发具有突然性,但也并不是无法预防的。班主任在日常工作中要多了解突发性公共卫生事件的特点,多学习常见传染病的相关知识,加强对学生良好卫生习惯的培养,并采取相应的预防措施,坚持预防为主的原则,以有效地预防班级突发公共卫生事件的爆发。

(二)坚持不懈原则

班级公共卫生事件的预防工作不是一朝一夕的,而是一项长期性的工作,这主要是因为:一方面学校、班级容易成为各种传染病传播和食物中毒等突发性公共卫生事件爆发的地方;另一方面,传染病种类繁多,并具有流行性和反复性等特点,这就使得班主任在班级突发公共卫生事件的预防工作中要做到坚持不懈。

(三)抓住重点原则

据统计,学校突发公共卫生事件中以肠道传染病、呼吸道传染病和群体性食物中毒这三类为最多。因此,班主任在对班级突发公共卫生事件的预防工作中应将重点放在对这三类公共卫生事件的预防上,加强对可能引起班级突发公共卫生事件的疾病的预防,可以有效地达到控制班级突发公共卫生事件的目的。

(四)依据相关规定处理原则

国务院及教育部、卫生部等部门对各级学校突发公共卫生事件的预防工作都有明确的要求,各类学校针对本校实际情况也要制订防止

突发公共卫生事件发生的预案。班主任应认真学习和领会这些要求及预案中的相关规定,在班级管理中落实到位,配合各级相关部门的工作,以达到有效的预防效果。

二、班级突发公共卫生事件的预防措施

(一)加强教育,提高学生自我保护意识

班主任要利用课堂、班会、板报等多种形式,向学生进行预防传染病的宣传和教育,让学生了解预防传染病的相关知识,使学生养成饭前便后洗手,不喝生水,不随意在街边买东西吃,不随地吐痰等习惯,并经常组织学生进行体育锻炼,增强体质,提高抗病力。班主任通过这些教育可以让学生对传染病等易造成突发公共卫生事件的疾病形成正确的认识,养成良好的卫生习惯,增强自我保健意识,提高自我保护能力。

(二)注重班级日常卫生,防止疾病爆发

班主任应组织学生做好班级教室、宿舍的卫生清洁工作,及时清理垃圾,防止蚊蝇滋生;每天开窗通风,保持室内空气流通。对一些卫生死角,班主任应亲自督促学生打扫干净,保证学生能在一个整洁、舒适的环境中学习、生活,减少和避免班级突发公共卫生事件爆发的可能性。

(三)积极配合相关部门,做好落实工作

对于教育部门、卫生部门、学校相关部门提出的要求,班主任应积极配合,在班级工作中切实落实到位,不做表面工作,不应付检查,消除各种隐患,有效预防班级突发公共卫生事件的爆发。

(四)建立班级突发公共卫生事件预防机制

班主任应根据学校的统一部署和要求，结合自己班级的实际情况，建立班级突发公共卫生事件的预防机制，编制应急预案。让每个学生都成为班级情况的观察员和信息员，一旦出现问题在第一时间告知班主任，班主任根据情况做出判断，采取措施，以减小班级突发公共卫生事件带来的危害。

第三节　班级突发公共卫生事件的紧急处置

由于学校学生多，活动空间小，学生免疫力差等因素，致使学校很容易成为突发公共卫生事件的地方，而班级则是事件爆发最早的单位，因此，班主任对班级突发公共卫生事件紧急处置的能力会直接影响到整个事件的发展，班主任对突发事件及时、合理地处置尤为重要。

一、班级突发公共卫生事件紧急处置的原则

对于班级突发公共卫生事件，班主任在处置时可遵循：快速、科学、有效的原则。

(一)快速处理，减少危害原则

突发公共卫生事件的危害较为严重，班级突发公共卫生事件一旦爆发，班主任应快速做出处理，力争在最短的时间内控制住事件的发展，始终将学生生命安全放在首位，迅速组织救治，最大程度地减少

事件造成的危害。

(二)依照规定,科学处置原则

由于突发公共卫生事件的处置涉及很强的医学等专业知识,因此,班主任在处置班级突发公共卫生事件时,应根据应急预案、处理步骤等相关规定,做出科学的处置,避免因无知、盲目造成严重的后果。这就要求班主任在平时多了解相关知识,熟悉班级突发公共卫生事件的处理要求。

(三)积极配合,有效应对原则

对班级突发公共卫生事件的处置很多时候并非班主任自身能够完成的,它需要专业的医护人员以及其他社会资源的支持,所以,班主任在处置过程中应积极配合医疗卫生、教育等部门的工作,共同处置班级突发公共卫生事件,以达到有效应对的目的。

常见传染病的应急处理:

1. 流行性感冒

流行性感冒简称流感,由流感病毒引起,主要通过空气飞沫传播,是具有高度传染性的急性呼吸道传染病。流感发病快,传染性强,发病率高。

流感的症状重,发烧多在38℃以上,且浑身酸痛、头痛明显,而呼吸道症状如咳嗽、流鼻涕则较轻。对于老年人、儿童、孕妇和体弱多病的人群,流感容易引发严重的并发症,甚至致人死亡。

应急要点:

> 有流感症状时,要注意休息,多喝水,开窗通风。

> 流感病人应与家人分餐。

> 流感病人的擤鼻涕纸和吐痰纸要包好, 扔进加盖的垃圾桶, 或直接扔进抽水马桶用水冲走。

> 流感病人应与家人 (特别是老人和孩子) 分室居住。

> 发生流感时, 应尽量避免外出活动; 不要去商场、影剧院等公共场所; 必须出门时, 应戴口罩。

> 重病人应在医院隔离治疗。

专家提示:

> 无论何种原因, 如身体持续发热, 都应尽早就医。

> 流感早期服用感冒冲剂或板蓝根冲剂, 可以减轻症状。

> 保持室内空气流通, 即使在冬季, 每天也要开窗通风3次以上, 每次至少10至15分钟。空调设备应定期清洗空气过滤网。

> 不随地吐痰, 打喷嚏、咳嗽时一定要捂住口鼻。

> 定期注射流感疫苗。

2. 流行性出血性结膜炎

流行性出血性结膜炎, 俗称红眼病, 是由病毒引起的急性传染性眼炎。它的主要症状是眼部充血肿胀, 有异物感, 眼部分泌物增多。

应急要点:

> 患上红眼病应及时就诊, 并告知他人注意预防。

> 不与红眼病人共用毛巾及脸盆。

> 红眼病人应尽量不去人群聚集的商场、游泳池、公共浴池、工作单位等公共场所。

> 可以使用抗病毒的滴眼液滴眼治疗。

> 红眼病人使用的毛巾, 要用蒸煮15分钟的方法进行消毒。

> 红眼病人接触过的公共物品,要用含氯消毒剂进行消毒。

> 当学校等人群聚集的场所发现红眼病患者时,应报告卫生防疫部门。

专家提示:

> 红眼病患者要注意将生活用品和办公用品与他人分开使用。

> 为预防红眼病,外出时应携带消毒纸巾,不用他人的毛巾擦手、擦脸;外出后回家、回单位时,应使用流动的水洗手、洗脸。

> 养成不用脏手揉眼睛的习惯。

> 尽量不去卫生状况不好的美容美发店、游泳池,那里有可能成为红眼病的传染源。

3. 狂犬病

狂犬病是一种急性传染病,一旦发病无法救治,病死率达100%。人被带有狂犬病毒的狗、猫咬伤、抓伤后,会引起狂犬病。

狂犬病的典型症状是发烧、头痛、恐水、怕风、四肢抽搐、喉肌痉挛、牙关紧闭等。

应急要点:

> 被宠物抓伤、咬伤后,应立刻到狂犬病免疫预防门诊接种狂犬病疫苗。第1次注射狂犬病疫苗的最佳时间是被咬伤后的24小时内;之后,第3天、第7天、第14天和第28天再各注射一次。

> 被宠物咬伤、抓伤后,首先要挤出污血,用3%～5%的肥皂水反复冲洗伤口;然后用清水冲洗干净,冲洗伤口至少要20分钟;最后涂擦浓度75%的酒精或者2%～5%的碘酒。只要未伤及大血管,切记不要包扎伤口。

> 如果一处或多处皮肤形成穿透性咬伤，伤口被犬的唾液污染，必须立刻注射疫苗和抗狂犬病血清。

> 将攻击人的宠物暂时单独隔离，立即带到附近的动物医院诊断，并向动物防疫部门报告。

专家提示：

> 养犬人有义务按照规定为犬接种疫苗。

> 发现宠物出现精神沉郁、喜卧暗处、唾液增多、后身躯体软弱、行走摇晃、攻击人畜、恐水等症状，要立即送往附近的动物医院或乡镇兽医站诊断。

> 人被犬攻击并咬伤，应立即向当地公共安全专家部门报告。

4. 非典型性肺炎

非典型性肺炎（SARS）是一种由新型冠状病毒引起的严重急性呼吸道症候群。主要通过近距离呼吸道飞沫、直接接触病人呼吸道分泌物及密切接触传播。

非典型性肺炎的症状是发热、干咳、呼吸急促、呼吸困难等。该病的症状与流感和肺炎不易区别，如不及时治疗，会导致病人死亡。

应急要点：

> 出现上述症状应及时到医院感染疾病科的发热门诊就医。一旦确诊，需要住院并隔离治疗。

> 配合流行性疾病调查人员做好相关调查。

> 如出现SARS疫情，一般人尽可能不要去医院。必须去医院看病的，须戴上口罩，回家后洗手、洗脸消毒。

> 避免在商场、影剧院等通风不畅和人员聚集的地方长时间

停留。

> 家庭居室和办公室要经常开窗通风,即使在冬季,每天也要开窗通风3次以上,每次至少10至15分钟。

专家提示:

> SARS的潜伏期一般自与病人密切接触后14天内发病。

> 与SARS病人有过密切接触的人,应立即向当地疾病预防控制中心报告,并定时测量自己的体温。

> 勤洗手,勤消毒,不随地吐痰,打喷嚏、咳嗽时一定要捂住口鼻。

5. 高致病性禽流感

高致病性禽流感是在鸡、鸭、鹅等禽类之间传播的急性传染病。在特殊情况下,也可以感染人类。

应急要点:

> 尽量避免接触异常死亡的禽类。处理死亡家禽时,应穿防护衣,戴手套和口罩,事后马上消毒或用肥皂洗手。

> 接触禽类后,如出现发烧、头痛、发冷、哆嗦、浑身疼痛无力、喉咙痛、咳嗽等症状,且48小时内不退烧者,应马上到医院就诊。

> 禽类工作人员应及时接种禽流感疫苗,并对工作场所彻底消毒。

> 发生禽流感疫情时,应采取强制性的防疫措施。

专家提示:

> 加工食品时,应生熟分开。烹制过程中,应煮熟、煮透,不吃生的或半生的禽肉、禽蛋。因为禽流感病毒不耐热,加热到60℃并持续10

分钟,加热到70℃并持续数分钟,即可使其丧失活性。

> 不买来路不明的禽类及其产品。

> 野生禽类可能会感染、传播禽流感,因此,不要进食野生禽类。

> 饲养野禽、鸽子等禽类,须对笼、舍定期消毒。不混养鸡、鸭、鹅等。防止家禽与野生禽鸟接触。

> 如果发现鸡、鸭、鸽子等禽鸟突然大量发病或不明原因死亡,应尽快报告动物防疫部门,及时进行诊断并采取必要的隔离、消毒等措施。

> 12岁以下的儿童极易受到感染,应尽量避免其触摸禽类动物。

> 多吃富含维生素C的食物或果品,有助于增强抗病力。

6. 口蹄疫

口蹄疫是一种急性、烈性、高度接触性传染病,主要感染牛、羊、猪等偶蹄动物。人类对口蹄疫病毒也具有一定的易感性。

应急要点:

> 发现牛、羊、猪等偶蹄动物的口腔、蹄部和乳房等处皮肤有水疱和溃烂,出现流涎和跛行,应立即报告所在地区的兽医部门。

> 与患病动物接触后出现眩晕、四肢和背部疼痛、胃肠痉挛、呕吐、咽喉疼、吞咽困难、腹泻等症状,应立即到医院就诊。

> 奶牛、奶羊患病,其乳汁不能食用。

专家提示:

> 动监部门定期为偶蹄动物接种疫苗。

> 从外省市引进偶蹄动物时,必须查验检疫证明,必须隔离饲养

至少两周, 以确认动物是否健康。

> 发现疑似口蹄疫疫情, 须及时报告动监部门。

> 注意个人防护, 尽量避免接触患病动物。

> 不从疫区引入偶蹄动物及其产品。

7. 病毒性肝炎

病毒性肝炎是由肝炎病毒引起的一种传染性疾病, 分为甲、乙、丙、丁、戊5种类型。甲型、戊型肝炎一般通过饮食传播。毛蚶、泥蚶、牡蛎、螃蟹等均可成为甲肝病毒携带物。乙型、丙型和丁型肝炎主要经血液、母婴和性传播。部分慢性乙型肝炎患者还可能发展为肝癌或肝硬化。

病毒性肝炎的主要症状是身体疲乏、食欲减退、恶心、腹胀、肝脾肿大及肝功能异常, 部分病人可能出现黄疸。乙肝、丙肝病毒携带者可能会无任何肝炎症状。

应急要点:

> 养成用流动的水勤洗手的好习惯。

> 生熟食物要分开放置和储存, 避免熟食受到污染。

> 食用毛蚶、牡蛎、螃蟹等水产品, 须加工至熟透再吃。

> 生吃瓜果蔬菜要洗净。不喝生水。

专家提示:

> 肝炎病人自发病之日起必须进行3周的隔离。

> 从事食品加工和销售、水源管理、托幼保教工作的肝炎病人, 应暂时调离工作岗位。

> 对肝炎病人用过的餐具要消毒, 在开水中煮15分钟以上。

> 不要与肝炎病人共用生活用品，对其使用过或接触过的公共物品和生活物品要消毒。

> 如与肝炎病人共用同一个厕所，要用消毒液或漂水对便池消毒。

> 不要与乙型、丙型、丁型肝炎病人及病毒携带者共用剃刀、牙具。

> 不要与乙肝病人发生性关系，如发生性关系时，要使用避孕套或提前接种乙肝疫苗。

8. 鼠疫

鼠疫是由鼠疫杆菌引起的、流行极快的烈性传染病。经呼吸道吸入或经消化道食入，通过黏膜和皮肤接触，都会被感染。它不易治愈，死亡率高。

鼠疫的主要症状是突发高热，伴有急性淋巴结肿大、淋巴结剧烈疼痛、咳嗽、咳血痰、意识障碍等。

应急要点：

> 家中或单位发现死老鼠，应立即向所在地区疾病预防控制中心报告。

> 如人体出现不明原因的高热、淋巴结肿大、疼痛、咳嗽、咳血痰等症状，应立即到医院就诊。一旦确诊，立即将病人隔离。

> 由专业人员对病人用过、接触过的物品及房间进行消毒。

专家提示：

> 接触过鼠疫病人者应主动向疾病预防控制中心报告。

> 立即采取统一的灭鼠、灭蚤行动。

> 发生疫情,须服从当地政府、疾病预防控制中心的指挥。

> 严禁无关人员进入疫区。

9. 霍乱

霍乱是由霍乱弧菌引起的、经消化道传播的烈性肠道传染病。它发病急,传播快,病死率高,多发生在每年的4月至10月。

霍乱的典型症状是剧烈腹泻,大便呈米泔水样,无腹痛,不发烧。

应急要点:

> 出现类似霍乱的症状时,应立即到附近医院的肠道门诊就医。

> 确诊病人应向医务人员如实提供进餐地点、所用食物和共同进餐的其他人员名单。

> 确诊病人要在医院接受隔离治疗。

专家提示:

> 配合卫生防疫部门对病人使用过的餐具、接触过的生活物品和办公用品进行消毒,被病人吐泻物污染的物品最好焚烧处理。

> 不吃腐败变质或不洁的食物,不吃生的或半生不熟的水产品。

> 注意饮水卫生,不喝生水。

10. 流行性出血热

流行性出血热是由汉坦病毒引起,以鼠类为主要传染源,通过接触、呼吸道、消化道等多种途径传播的急性传染病。

流行性出血热的早期症状是发热,"三痛"(头痛、腰痛、眼眶痛),"三红"(颜面、颈、上胸部潮红),皮肤黏膜出血及肾脏损害等。

该病病毒可以侵犯人的多个器官和系统，目前没有特效的治疗方法。

应急要点：

> 出现上述症状应及时到医院就诊，确诊后立即进行隔离治疗。

> 对病人用过、接触过的物品进行消毒。

> 与病人有过接触者，发现不适立即去医院就诊。

专家提示：

> 强调早发现、早休息、早治疗和就近治疗。

> 发现有死老鼠应深埋或焚烧，接触死老鼠时应戴手套或使用器具。

> 家中食物不要裸露摆放，以防老鼠的分泌物将食物污染。

> 野外作业时要注意灭鼠，避免与鼠类及其排泄物、分泌物接触。

> 接种流行性出血热疫苗。

二、班级突发公共卫生事件的应急处置方法

对于班级突发公共卫生事件班主任要采取合理有效的方法，积极应对。

（一）启动应急预案，及时汇报情况

班级公共卫生事件一旦爆发，班主任首先应启动由学校或班级制订的应急预案，按照预案中的步骤、措施处置事件。同时，班主任应在第一时间向上级主管部门汇报事件发生、发展的情况，说明事件发生的时间、地点，事件的性质，涉及的人员情况，引发事件的原因以及当前的状况等。如果上级领导有所指示，应按照领导指示进行处置。

（二）快速救治伤病学生

在班级突发公共卫生事件中，对学生的救治工作是所有工作中的重点。事件发生后，班主任要迅速拨打120或采取措施将伤病学生送往附近的医院，为学生的救治工作争取时间，尤其对于食物中毒的学生，时间就是生命，只有越早让学生接受专业治疗，才越能保证学生身体健康的恢复。

（三）采取必要的隔离措施

突发公共卫生事件中的疾病很多具有较强的传染性，而在班级中学生们每天都在一起学习、生活，因此极容易互相传染。在班级突发公共卫生事件爆发后，为防止感染疾病的学生人数的增加，班主任应果断采取必要的隔离措施，让班级学生或是与被感染学生接触密切的学生在宿舍或合适的地方进行隔离观察，以防止病原体的扩散，如有必要可请示学校领导让学生停课，还可协助卫生部门组织学生接种疫苗或吃预防药，对教室、宿舍等场所进行消毒。

（四）保护现场，配合调查

班级突发公共卫生事件爆发后，班主任在组织救治的同时，还不能忽视对事发现场证物的保护。保存现场证据可以帮助公安、卫生等部门排查传染源，找出事件的真正原因，尤其是学生中毒事件，保护现场不仅可以帮助医疗部门迅速找到致毒因素，还可以帮助公安部门查找中毒原因。

三、班级突发公共卫生事件的善后处理

班级突发公共卫生事件发生后，班主任要妥善做好善后处理工

作,以尽快恢复学生正常的学习、生活,防止由事件引发的更大危害。

(一)查找原因,弥补不足

对于班级突发公共卫生事件,事后班主任应深入了解情况,找出引发公共卫生事件的原因,认真分析总结,找出日常工作中的疏漏之处,及时弥补,以防止类似事件的再次发生,或为班级突发公共卫生事件的处置制订更加合理、有效的方案。

(二)做好学生的心理疏导工作

班级突发公共卫生事件会对学生的心理产生一定的负面影响,学生除了身体健康受到伤害外,在心理上还会出现一定程度的恐惧、焦虑,甚至抑郁症状。班主任在事件发生后,应积极开展对学生的心理疏导工作,让他们知道只要使用科学的方法,传染病等疾病是可防可控的,并且是可以被治愈的,消除学生的消极情绪,维护学生的心理健康。

(三)尽快恢复教学,步入正轨

如因班级突发公共卫生事件导致停课,在事发后,班主任应尽快请示学校领导,让学生复课,尽快让学生的学习和生活步入正轨,以减少班级突发公共卫生事件带来的负面影响,保证班级和学校的稳定。

(四)处理好伤病学生的善后工作

对伤病学生,如需长期治疗的,班主任应在医护人员的指导下进行探视、慰问,安抚学生情绪,鼓励学生积极治疗,战胜病魔,尽己所能帮助学生解决生活中的困难,让学生感受到温暖,增强治疗的信心。如果学生购买了医疗保险,班主任还应帮助学生办理相关理赔手续。

(五)配合相关部门,开展调查工作

对于医疗卫生、公安、学校等相关部门进行的事件调查工作,班主

任义不容辞地应积极配合,积极反映情况,做到知无不言,保证调查工作的顺利进行。

【案例一】

江苏淮安发生一起中学生集体食物中毒事件

2012年4月23日午饭后,淮安市淮安区顺河镇顺河中学不少学生出现恶心、呕吐、冒汗、胸闷和头痛等食物中毒症状,其中22人症状较为明显。出现症状的学生随即被送往顺河镇卫生院、淮安区人民医院和淮安区中医院进行紧急治疗。

事情发生后,淮安市委、市政府以及淮安区委、区政府高度重视,主要领导及分管领导在第一时间对此做出部署和要求,区分管领导及相关职能部门立即赶赴现场落实处置方案,有关事情的进展情况及时向社会公布。

淮安区政府办:4月24日凌晨5点,留院进一步观察的22名学生,已有19名学生症状基本消失,3人明显好转,继续留院观察。

淮安区政府办:经过淮安市疾病预防控制中心对顺河中学不明原因食物中毒采集的样品检测,患者呕吐物中检测出含有以呋喃丹(氨基甲酸酯类)为主的杀虫剂成分。学生中毒疑是蔬菜当中农药残留所致,具体情况仍在进一步调查当中。截至4月24日18:00时,22名留院观察的学生,已有10名学生出院。

淮安区政府办:截至月25日17:00,12名留院观察的学生,又有8名学生出院。出院学生除1名在家休息外,其余均已返校正常上课。

截止到5月3日下午,尚有一名叫黄丹的学生没有出院。

由于事件处置及时得当,及时向社会公布事件进展情况,没有引起任何恐慌和骚乱,家长及学生心态平和。学校第二天正常上课,仿佛没有发生任何事情一样。

（摘自：中国江苏网：http://news.jschina.com.cn）

【点评】

这是一起发生在学校的学生集体食物中毒事件。在此次事件中,各级部门反应迅速,对中毒学生处置及时,事件没有造成严重的影响。班主任在处理学生中毒事件时,应将救人放在第一位,及时将中毒学生送往医疗部门,同时协助相关部门进行调查并做好善后工作。

【案例二】

重庆开县一中学78名学生患红眼病

2010年9月16日,开县麻柳初级中学爆发急性出血性结膜炎(俗称"红眼病"),经当地卫生疾控中心诊断,78名患病同学回家隔离。昨日,开县教委基教科负责人说,目前学校没有因为这一情况而整体停课,今日上课视其学生返校情况,再遵循疾控中心意见,研究是否需要局部或全校停课。

开县麻柳初级中学是一所寄宿制初中,学校3个年级共1580名学生。"15日学校有同学反映感染上红眼病。"麻柳中学校长阳小华在接受记者采访时介绍,16日学校又发现了6例患红眼病学生,于是向当地卫生院通报了情况。卫生院立即上报开县疾控中心,工作人员到校对全校师生进行了

逐一排查,"发现学校有128名学生疑似红眼病,最后确诊了78名同学。"

随后,被确诊的同学都进行了隔离治疗,"这些同学17日就回家了。"阳校长说,学校进行全面消毒处理后,其余同学照常上课。

开县教委基教科科长周继学说,学校是否停课将按照疾控中心的要求进行,"因为红眼病是一种接触性传染病,19日学生返校上课可能再次出现新的同学感染。如果出现新情况,我们将遵循开县疾控中心的要求进行停课安排,不排除个别班级或者年级逐步停课。"

周科长介绍,今秋开学这段时间开县有3所中小学较为集中地爆发了红眼病,"除麻柳初中,另外汉丰二校和岳溪初中两所学校也有中小学生感染了红眼病。"

为此,昨日开县教委与县卫生局联合下发了《加强学校急性出血性结膜炎防控工作的紧急通知》(以下简称《通知》)。《通知》要求,为了及时控制疫情的扩散和蔓延,学校"一把手"要担当此项工作的第一责任人,学校要做好学生晨检工作,一旦发现病例,要按规定进行报告。

各级各类学校对患病学生必须采取隔离治疗,原则上离家近的发病学生回家隔离,学校要跟学生交代清楚有关隔离要求,防止家庭成员、邻居之间传播;回家隔离的学生治愈后,须持所在地医疗机构治愈证明书方可到校学习;离家较远的住校学生可在学校隔离,但必须在医生指导下严格隔离治疗。

《通知》还对校园消毒做了严格要求,未出现疫情的园、校坚持1周1次的常规消毒,已有病例的园、校每天对校园环境消毒一次。

(摘自:中国新闻网:http://www.chinanews.com)

【点评】

这是一起发生在学校的传染病事件。在这次事件中,学校发现传染病病例后向相关部门做了汇报,疾控部门及时采取了排查、隔离等措施,防止了疫病的进一步传染。班主任在发现传染病后应及时向主管部门汇报,并按要求采取消毒、隔离等措施,可有效控制病情的传播。

(本章撰稿人:黄苹)

第五章 班级突发公共卫生事件的应对

第六章　班级突发安全事件的应对

第一节　什么是班级突发安全事件

　　班级安全管理是学校安全工作的重心，而防患于未然则是我们进行班级安全管理的第一步。对于班级突发安全事件我们应该做到有充分的了解，这样才可以有效地运用于日常教学中。班级突发安全事件看似很简单，在日常的班级生活中充分运用却并不容易。为了更好地应对班级突发安全事件，首先我们就要先了解班级突发安全事件的含义。

一、班级突发安全事件的含义

　　班级突发安全事件，是指班级工作中突然发生的具有不良影响的事件。在一个班级中，突发事件都不同程度、不可避免地存在着。这种事件发生和发展的速度很快并且具有突发性，事先难以应对。如何处理班级突发安全事件关系到一个班级的发展和成长，对于学生、教师甚至学校都会产生巨大的影响。

　　班级突发安全事件一般包括：学生之间的冲突，学生与老师之间的冲突，学生与学校之间的冲突，还有外部人员进入班级与班级之间发生的冲突等等，这些都属于人为因素的冲突，通过日常的教育感化以及政策的制定都可以有效地减少甚至消失。还有一类包括自然的突发安全事件。这类突发安全事件存在着许多的不可抗性，它的发生很突然，会对师生都造成巨大的损失，比如地震、火灾、水灾、雪灾等。这类突发安全事件要求教师在平时就要及时关注各类预告，及时采取有效的预防措施，以至于可以在发生时有着充分的准备，使损失可以降低到最低。

二、班级突发安全事件的特点

1. 发生的突然性

这是班级突发安全事件的第一个特点。突然性是指这类安全事件的发生一般都在人们毫无警觉的情况下，发生发展的速度都很快，它所发生的时间、地点、规模、持续时间、造成的危害都是不以人的意志为转移的。就如在2008年的汶川地震中，事情发生得十分突然，人力无法及时地有效地预测，发生的时候人们也措手不及，对人民的生命财产造成了不可估量的伤害。在班级中时刻都存在着发生这种突发安全事件的可能性，人们无法预测什么时间以及地点可能会发生这样的突发安全事件，这具有太多的不确定性。因此，这类安全事件具有突发性。

2. 具有危害性

班级突发安全事件一般都具有危害性，甚至会造成极其严重的负面影响。如2008年5月25日至6月14日，广东省的大部分地区都遭到了强降雨的侵害。其中深圳特区遭遇了50年不遇的特大降雨，许多中小学

和幼儿园都被迫停课。又如,在2008年的汶川地震中给灾区的班级带来了巨大的灾难,使灾区的学校班级都遭到了不同程度的毁坏,给灾区的学生无论是精神上还是身体上都造成了不可磨灭的伤害,对其以后的生活都会造成永久的负面效应。因现在自然环境与生态环境的破坏,使得各种突发安全事件爆发得更为频繁,会对学校学生的学习产生不可估量的影响。

3. 影响的广泛性

班级突发安全事件可能会产生巨大的社会影响。学校是学生学习生活的场所,班级作为学校中最基本的单位,它的安定至关重要。学校的教育旨在为国家培养各类的建设人才,一点变化都有可能引起社会的广泛关注,特别是那些有关学生人身安全的问题,都会引起家长的关心,一个学生遭受到了伤害都有可能会给一个家庭带来伤害。就以2012年的研究生英语考试泄题事件来说,事件一经爆发就引起了社会的广泛关注,不论从学生到老师都很气愤,社会上甚至有群众对当今的考试制度产生了质疑,还有要求重新考试的呼声,最后甚至司法部门都介入其中。事件的结尾虽然不法分子都得到了应有的制裁,可是事件却引起了巨大的社会效应,使人们不断对现在的人才选拔制度进行反思。这就要求学校的领导部门在处理一些敏感性问题时要格外的小心谨慎,以免对整个社会造成负面影响。

4. 种类的多样性

班级中成员虽然组成比较单一,只有教师与学生,可是班级的突发安全事件却具有多样性。比如学生与学生之间的打架斗殴,学生与学校之间的矛盾导致的罢课,学生与老师之间的矛盾,还有由于自然灾害造成的各种突发安全事件，比如地震和火灾等等。班级突发安全事件的多样性使得我们在应对这类事件时要及时准确地采取有效措施，在平时对学生的教育中就要渗透这种思想，对于教师也要加强自身的教育。班级突发安全事件的种类繁多，不仅包括影响学生自身安全和社会稳定的群体性突发安全事件，也包括威胁师生身体健康在内的各类公共卫生安全事件和各类自然灾害。种类的多样性是班级突发安全事件的又一典型特征。

三、班级突发安全事件的分类

在现在社会中，面临着各种各样的风险，班级教学中也相应的存在着各类风险，这些突发安全事件各不相同，因此我们有必要对班级中可能出现的突发安全事件作一个系统性的分类，使得我们可以对班级突发安全事件有全面的了解，在日常的教学中对于可以避免的突发安全事件采取有效的预防措施，对于那些无法避免的突发安全事件在发生后可以及时决策，采取行动，使危害降低到最低。

1. 根据班级突发安全事件发生的原因，可分为自然性突发安全事件和人为性突发安全事件。

两者产生原因不同，造成的危害也不尽相同。自然性的班级突发安全事件一般是由于自然环境的变化引起的。这类班级突发安全事件的发生和发展具有不可抗性，它包括地震、泥石流、洪水、雪灾、火灾等等，都可以造成毁灭性的灾害。近年来，由于全球生态环境的破坏使得各类自然灾害发生得越来越频繁，常常使人措手不及，而处于班级中的学生，尤其是幼儿园和中小学生属于社会中的需要保护的

群体,自我防御能力比较弱,在发生这类突发安全事件时教师的任务就显得尤为艰巨,因为在灾害发生时教师处于第一线,所以平时加强教师的自我教育就显得尤为重要。人为性的突发安全事件,主要是由于人类自身造成的,在当今社会由于经济的高速发展又不时的出现经济危机,使得社会上的不安定因素也在急剧增长,各类校园犯罪率居高不下。学生处于成长时期,健康完善的世界观、人生观、价值观都还没有全部形成。在日常的班级生活中很有可能因为一语不合就发生冲突。这类班级突发安全事件常常会使同学之间发生肢体冲突,甚至会给学生和教师造成人身伤害,无论是大学亦或是中小学都时常会发生学生打架斗殴事件,其中不乏为此失去生命的事例。这就要求教师甚至是上层的决策者都要时刻注意关注班级突发安全事件,做到防患于未然,除了加强日常的班级安全管理,还要从决策上不断完善班级突发安全事件的应对措施。

2. 根据班级突发安全事件的规模,可分为群体性班级突发安全事件和个体性班级突发安全事件。

班级群体性突发安全事件,是指在较短的时间内班级群体与其他群体之间所爆发的事件,班级群体与教师之间,班级群体与其他组织之间的对抗学校管理,甚至是破坏社会公共财物,危害他人人身安全,扰乱社会秩序的事件。与班级群体性突发安全事件相对的是个体性班级突发安全事件。这类突发安全事件主要是当事人自己参与。比如在上课时有的同学由于身体原因造成的昏迷症状,这就属于班级个体性突发安全事件的一个典型事例,学校要完善这类的急救条例,要有专门的医务人员全天待命。群体性突发安全事件的典型就是罢课,随着全社会民主制度的不断完善,学校中尤其是高校中学生的民主意识也在不断地增强,相应的就会要求有更多的民主权利,当学校的某些规定危害到学生的基本权利时就会有可能爆发大规模的群体性班级突发安全事件。

3. 根据班级突发安全事件的参与成员,可以分为班级外部的突发安全事件和班级内部的突发安全事件。

班级外部的突发安全事件主要是由于学校外部人员引起的,在社会上有一些人利用学生的无知和善良到校园中进行不法活动,尤其是近年来多次发生校园中学生被劫持的事件。这些不法分子就是利用学生特别是中小学生及幼儿园儿童反抗力低的弱点,对学生的身心造成了不可挽回的伤害。与班级外部突发安全事件相对的就是班级内部的突发安全事件。这类突发安全事件主要是指处于班集体内部成员之间产生的突发安全事件。在日常的学习生活中特别是在中小学中,由于学生的年龄较小,自制力也会相应地比较弱。常常会发生肢体冲突,这类的突发安全事件一般都是在课间发生,这就要求教师要提高警觉性,尽量在日常的教学中就要求学生不要用暴力解决问题,也要使自身为学生树立良好的榜样。

四、班级突发安全事件产生的原因

1. 意识上认识不够,相关知识普及不够

对于班级突发安全事件无论是在实践上还是在理论上都是比较薄弱的,一直以来都没有引起学生、教师甚至是学校领导阶层的足够重视,大部分学校根本没有相关的管理条例来约束,也没有设置相关

的课程使学生掌握足够的应对班级突发安全事件的常识，比如在我国地质灾害的多发地就应该设立关于灾害发生时如何有效保护生命的课程，以便灾害发生时使危害降低到最低。

2. 学校本身的安全管理不到位

对于学校的选址大多数中小学都是考虑到交通的方面，安全上并没有太多的考虑，有的中小学甚至是幼儿园都设立在市区，这种情况就要求学校在管理上要严格把关，避免社会上的闲杂人等和一些无关人士进入校园。一旦这些人员随意进入校园就会使班级的突发安全事件发生的概率增加，校园中不安定因素存在，应当加强门卫制度，有许多学校的门卫制度都仅仅是充当摆设，对于初入校园的人员车辆不闻不问，这样社会中的不法分子就很容易混进学校对学生的人身安全造成潜在的危害，还容易使得学校的交通混乱，造成车祸事故。在一些活动课上学校的保护措施做得也很不到位，比如学校的学生体育器材有的就没有人定期检查，这就很容易使学生在锻炼时产生危险。

3. 教师相关知识不够

教师在日常的教育中并不了解相关的法律，对于班级突发安全事件的法律意识淡薄，不能意识到突发安全事件发生之后后果的严重性。学校在制度和相关规定上存在缺失。有的教师教育观念陈旧，没有先进的理念来指导自己进行教学，不能意识到防范班级突发安全事件的重要性，对于班级突发安全事件的处理简单化，在班级突发安全事件发生时就理解为偶然事件，进而采取大事化小，小事化无的做法，对于一些本可以避免的班级突发安全事件，不能采取有效的措施杜绝相同的事件再度发生。

五、研究班级突发安全事件的重要性

党和国家领导人一直以来都很重视学校教育的发展，国家对于教育的投资也是逐年递增，学校是培养社会主义建设者和接班人的主要场所，因此研究班级的突发安全事件对于学校教育的有效开展就显得尤为重要。

1. 深入贯彻落实科学发展观，要求我们对班级突发安全事件进行有效管理。科学发展观的核心是以人为本，第一要义是发展。

要实现我国经济又好又快发展，不断提高人民生活的伟大目标，首先就要把教育放在主要地位，科教兴国战略是我国长期坚持的一项基本国策。在当前和今后一个很长的时期里，我国教育发展不只是有利条件很多，在这些有利条件中也存在着相当数量的弱点。其中，班级突发安全事件就是主要的一个急需解决的问题，比如自然灾害造成的班级突发安全事件。自然灾害和事故灾难包括公共卫生事故都时有发生，这都有可能造成班级突发安全事件。这些灾害所造成的班级突发安全事件都会造成人员和财产的大量损失，甚至对教育的发展速度都会造成一定的影响。要坚持以人为本的、全面可持续发展的教育目标，既要不断加大教育投入，促进教育事业的发展，也要在质量上使教育事业不断提高，如何应对班级突发安全事件就是提高教育质量关键的一步，也是深入贯彻落实科学发展观的必然要求。社会中存在很多的风险，班级中也会有相应的风险。比如2003年的"非典"事件和2008年的汶川地震，这些突如其来的灾难都给了我们很重要的教育启示。即在学校教育中必须建立全面完善的应对突发安全事件的应急机制，充分确保学生的人身安全。在各类突发安全事件发生时，想要维护学

生的生命安全和学校的教育稳定，就必须要充分研究班级突发安全事件，这样才能未雨绸缪，最终实现学生的发展；才能从根本上贯彻落实科学发展观，构建全面、协调、可持续发展的社会。

2. 构建社会主义和谐社会，要求我们要不断地加强对班级突发安全事件的研究。

中国特色社会主义的一个本质要求就是要构建和谐社会，和谐社会离不开和谐的教育，而和谐的教育就需要了解如何应对班级突发安全事件。而教育的和谐发展应该是学校中的班级要安全、稳定，这是实现教育全面发展的首要条件。无数的教育事实都已经证明，班级稳定的秩序对于学校教育的安定和发展起到了不可或缺的作用。只有从根本上建立起应对班级突发安全事件的有效措施，才可以最大限度地调动学生的学习积极性，增加建设和谐社会的积极因素，减少不和谐因素，最终实现好、维护好、发展好中国的学校教育。反过来，如果班级突发安全事件处理不当，应急措施采取不当，就会增加不和谐因素。严重影响学校教育的稳定性，稳定都谈不上，就更没有办法实现和谐发展了。比如，学校中出现的一些罢课事件就是班级突发安全事件无法及时处理导致矛盾激化，最后演变成群体性的突发安全事件，对于教育的健康发展产生极其消极的影响，最终会不利于和谐社会的构建。

3. 加强对班级突发安全事件的研究是对教师能力的提升要求。

班级突发安全事件的发生和发展存在着许多的不确定因素，这就要求教师要有足够的危机应对能力。在教师队伍中很多的老一辈教师教育观念和手段都比较陈旧，由于班级突发安全事件要求应对要及时、准确, 有利于教师决策能力和反应能力的全面提高, 这些素质都需要教师日常的积累和锻炼。在2008年汶川地震时, 灾区学校的教师临危不惧, 充分展现了广大教师应对突发安全事件的能力, 成功挽救了许多学生的生命。在这种突发安全事件面前取得的效果如何, 很大一部分都是取决于教师的自身能力和素质。

以上我们就从什么是班级突发安全事件入手对班级突发安全事件有了一个基本的了解。班级突发安全事件存在各种风险, 会对班级人员的身心造成不可估量的伤害, 因此如何预防班级突发安全事件对于教育是否成功就起着至关重要的作用。

第二节　班级突发安全事件的预防

在班级管理中存在很多法则和定律, 如刺猬法则、热炉法则、手表定理、扁鹊法则等。其中的扁鹊法则是班级管理的重要法则, 特别是强调班级安全管理要未雨绸缪, 防患于未然。

历史故事中记载: 魏文王问扁鹊他们家中三兄弟谁的医术最高明, 扁鹊回答说:"长兄最佳, 他通常在病人病症还没表现出来的时候就把病治好了; 仲兄其次, 他是在病人的病症初起时就把病人治好了, 所以长兄与仲兄的名气传扬不出去; 我扁鹊最差, 我是在病人病情严重后割肉切骨, 世人看我动作颇大, 认为我医术高明, 因此我名扬天下。其实我与我两位兄长相比医术差远了。"

上述故事指出了上医、中医和下医的区别,也阐明了最基本的管理之道在于防患于未然。班级管理是综合多因素的管理活动,而班级突发安全事件是班级管理中不可避免的、性质恶劣的不安定因素。由于事出突然,老师与同学事先都没有思想准备,也往往没有时间考虑处理对策。因此,加强班级突发安全事件的预防显得尤为重要。

班主任作为班级管理中的主导者,是学校直接对学生进行教育管理的代表,是预防和处理班级突发安全事件的主力军。班主任如果在突发安全事件发生时处理得好,可以迅速解决事端,从而提高老师的威信,建立良好的师生关系。但一旦处理不当,就会引发多重矛盾,甚至造成难以挽回的损失。

一、预防——解决班级突发安全事件的首要原则

东港市石佛中学初一年级的一名男同学在上体育课踢足球时摔伤了腿导致骨裂。开始上课时这位同学没有做充分的热身准备活动,在踢球的过程中由于碰撞激烈被同学绊了一跤,从而导致小腿骨裂。事故发生后,学校立即通知家长并组织工作人员将这名男同学送往附近医院医治,花费三千八百余元。围绕这笔医疗费,学校与家长产生了分歧。家长认为学校对学生的受伤负有全部的责任,应承担全部的医疗费用。而学校认为,在上课期间发生的意想不到的事情,学校与同学都有责任。

上面的案例就充分说明了防患于未然的重要性,在教学和班级管理的过程中,对于突发安全事件的预防是解决问题的第一步,也是首要的、最重要的原则。在这个案例中,如果在平时的教育管理中或者在

体育课堂教学上加强学生的自我安全意识，可能就会避免类似突发事件的发生。首先，在东港市石佛中学日常的安全教育中，班主任所传达的中学生安全常识和意识不够。其次，在体育课堂上，教师对学生的教育和监管力度不够，缺乏正确的运动安全知识传授和热身运动等的实践。假如学校和教师能意识到预防的重要性，或许案例中的矛盾和损失就会避免或是降到最小。

随着社会的发展，社会因素更加复杂化，人际因素更加多元化。因此在现代班级管理中可能就要关注和兼顾更多的因素，管理过程趋向严格和复杂。加之社会转型和社会变迁的加速，公共卫生、社会安全、现实公平等社会问题不断冲击着各类学校，冲击着现有的班级管理机制。越来越多的突发安全事件给学校班级管理提出了挑战，例如马加爵事件、上海某大学女研究生杨某自杀事件等。我们可以从这些案例中体会到，将恶劣性质的安全事件扼杀在摇篮里是必要的。在一个有几十个人组成的班级中，每个个体都有自己鲜明的性格特色，所以班级不可能是风平浪静的，会时不时地发生一些偶然事件，如打架、偷窃、师生关系紧张等。学生在成长过程中受到家庭、学校、社会等各个方面的因素，人格塑造和教育过程越来越复杂。作为班主任应该认识到学生虽然年轻幼稚、知识体系和价值观尚未明确，但是他们有较强的可塑性和发展潜力。我们应该认识到他们固有的特点，在事情未发生时加强教育和防范，切不可疏于防范，遇事不可凭主观臆断，草率行事。

预防不仅仅是高瞻远瞩，还要总结经验教训，结合过去发生的事件和案例进行反思、加强教育。班级突发安全事件的发生和解决并不

意味着这一事件的终结，往往在接下来的特定条件下还会重现，甚至愈演愈烈。为了防止突发安全事件的重演，班主任在处理完突发安全事件后要采用反复强化的方法，分析事件的危害性和严重性，使学生从中接受深刻的教训。对于事件中犯错误的学生，班主任要坚持批评与正面的说服教育相结合，引导学生正确认识其中的利害关系，帮助他树立正确的认识观和价值观。教育家卢梭说过："我们不能为了惩罚孩子而惩罚孩子，应当使他们觉得这些惩罚正是他们不良行为的自然后果。"当然，对于不同的学生应该采取不同的教育方法，对症下药。突发安全事件多种多样，事件本身的严重性和危害性都不同，这些和学生特质也有关系。因此，班主任应该进行多方面权衡，既要避免影响学生的身心发展，又要维护学校制度的权威性。事件发生以后的反思和预防措施的制订又是以后预防工作的重中之重，这种预防是及时的、深刻的，有利于防止"旧病复发"。

二、班级突发安全事件的预防措施

教师、学生、活动是保障班级安全管理的三大要素，鉴于班级突发安全事件的特征和班主任的岗位性质，班主任在班级突发安全事件预防中发挥着重要作用。班主任应该本着"学生利益无小事"、"责任重于泰山"的原则，将强化班级安全摆到最重要的位置，防患于未然。

（一）加强班主任自身素质，增加突发安全事件的知识储备，提高突发事件预防和应对能力

首先，班级突发安全事件具有突发性的特点，此类事件的起点、

时间、性质都难以预测。作为班主任，就需要在工作中不断观察、不断积累，对于以往发生的班级突发安全事件进行梳理揣摩，着重研究事件发生的原因和导火线，归纳总结各类突发安全事件的预防。针对各类事件的形成原因、特点、危害性进行分析，结合以往的经验教训，细心观察班级内部以及班级周围是否有突发安全隐患，做到心中有数。这就要求班主任要有奉献精神和强烈的责任感，一切以学生利益为主，甘愿奉献于班级管理。

其次，班级突发安全事件本身的不确定性和危险性，要求班主任具有冷静、理性、勇敢等心理素质和积极成熟的思想品格。在班级突发安全事件的预防过程中，培养班主任的个人能力和责任感是必不可少的。班主任除了具有敏锐的政治头脑、高尚的人格品质、坚持真理的信念和豁达的胸襟以外，还必须加强自身关于班级管理中安全管理的理论学习、法制知识普及。这就要求班主任有较强的学习能力和钻研精神，不断提高自身业务素质和工作水平，深入研究目前学校形势下突发安全事件的预防机制、学生心理以及预防此类问题的新方法，对症下药，使工作有针对性和实效性。

再次，班级突发安全事件具有广泛的影响性，社会对学校保持的高度敏感度使学校和老师在处理此类事件的时候显得更吃力，多方面利益的权衡是其中最难的一步。因此，对于班主任老师来说，过硬的综合应对能力是必需的，这就要求班主任老师理性思辨，超越自身多角度思考问题，提高自身的沟通能力、人际交往能力、应对突发事件的能力。此外，老师应该将学校的名誉和利益放在首位，缩小事件不良的社会效应，使学校的损失降到最低。

（二）正确施教，提高学生自我防范意识

首先，加强学生的思想道德教育。关注学生心理和学生的思想品德形成过程，培养学生积极乐观、自信坚韧、善良平和的心理状态。在平时的教学管理中应该搜集相关案例，让同学们引以为戒，吸取经验教训。

其次，加强安全知识教育和法制教育。开展宣传教育，通过宣讲案例等将安全事件发生的后果、可能性、危害性等相关信息传递给学生。适时发放安全教育手册、开设安全教育课、普及安全知识，潜移默化地增强学生的自我保护意识，让学生远离安全隐患，防范暴力事件等违法事件。班主任在平时的工作中要注意开展纪律教育、法制教育，提高学生的法制意识，增强学生遵纪守法的自觉性。

再次，关注学生心理，关爱学生。如今学生的心理状况发展不容乐观，自卑、孤傲、不平衡等不健康心理状态的存在让学生的压力越来越大。班主任在学期开始时可对班级学生做一次心理状况调查，建立学生心理档案，密切关注学生的心理变化，对学生进行心理辅导。对于班级里的问题学生，班主任应该给予更多的关心和爱护，更多地与他们进行沟通与交流，例如，帮助班级困难同学解决生活贫困问题，从而消除他们本身的自卑感；对于性格孤僻的学生鼓励他们发言交流，使他们走出自我封闭的心理怪圈；对于行为恶劣的不良少年，正面教育和适当惩罚相结合等等。班主任的这些关心与帮助都会增强学生的信心和承受能力，使他们能够直面人生，树立正确的人生观和价值观，从而将学生矛盾方面的安全隐患降到最低。

（三）重视突发安全隐患排查

建立相应的严格的排查机制，要保证排查到每个学生，并且责任到人，使情况的上传下达保持通畅。按照班长—组长—各个学生这样类似的层次建立环环相扣的信息收集和传达体系，做到层层把关，绝不遗漏。这样的链条不仅使信息全面有效，而且会增强学生之间的沟通交流，对于学生关系有积极影响，同学之间的相互理解和影响也是预防班级突发安全事件的基本要素。经过这样的信息传达，对发现的问题和隐患及时分析调查，根据不同的学生特质和心理进行谈话了解。例如，在班级中现在常见的吸烟、酗酒、网瘾、早恋、夜不归宿、使用大功率电器等问题，班主任应该就事件自身的性质和危害性分析，通过观察和调查，找到问题产生的根源和问题存在的时间范围等，做到排查得早，控制得住，将预防和帮助落实在事件发生之前，将不良的安全隐患杀死在萌芽中。

其中包括例如：加强餐饮管理，防范食品安全事件。班主任应该协调学校及食堂防范食物中毒事件和其他食品卫生事件，保证学生安全。同时，班主任应及时掌握校内外传染病发病和流行情况，一旦有学生得了传染病，应立即向上级主管部门、卫生部门报告，采取措施，防止学生被大面积传染；加强舍务管理，防范校园火灾。班主任应落实专人负责，加大宿舍检查的力度和频率，开展经常性的学生寝室安全检查。重点检查学生宿舍的用电情况，检查用电设施、线路是否完好，杜绝使用大功率用电器等，防止火灾；加强日常管理，防范踩踏事件、溺水事件等，特别是中学。安全工作应该融入日常管理之中，加强学生上下楼秩序管理，责任到人。暑假期间开展班主任巡河，防止学生发生溺水事件。学生一般都比较好动，尤其是课间，经常有学生在过道、楼梯台阶上追打、嬉闹，极易发生碰撞、挤压、踩踏事故。因此学校相关

管理部门要加强管理,确保学生课间活动的安全。此外,要加强学生体育课活动管理也非常重要。学生上体育课的时候,任课教师要注意保护学生安全,充分考虑体育课及课内活动的危险性和危险程度,采取必要的保护措施。最后,要加强大型集体活动的安全管理。学校组织学生看电影、参加大型集会以及召开运动会时,班主任要首先落实好安全措施负责人员,一旦发生突发事件要及时组织学生疏散、撤离,确保学生安全。

(四)加强信息沟通

在班级管理中,突发安全事件的发生通常是因为老师与学生之间缺少沟通,不能及时发现学生个体或学生之间的心理交流和障碍。这里的信息沟通可以分为班级内部和班级外部两方面的沟通。班级内部的沟通,即老师与学生之间、班级同学之间的沟通,内部沟通可以通过谈话、观察、教育的方式,采取班级分级管理的形式,做到面面俱到,不遗漏任何一个学生的心理沟通和反馈。班主任走到学生中去,与学生成为朋友是内部沟通的前提和条件,在与学生接触的过程中观察到的学生心理变化和思想动态是预防的重要依据。也只有这样,班主任才能正确判断分析学生存在的问题和安全隐患。

外部沟通主要是指班主任与家长的联系和沟通。学生在发展过程中最主要的影响因素即为学校和家庭,在班级突发安全事件的预防过程中,班级与家庭的合作十分重要。班主任与家长的定时沟通有利于了解学生的思想动向和健康状况,这种多层次、内外结合的视角能使班主任更加全面地把握班级各个同学的情况,这就使预防班级突发安全事件变得更加缜密。

(五)情况迅速汇报

班主任在班级管理中是一个主导者的地位,在整个学校管理中又是一个中间者的位置,所以说班主任还应该有一个传达情况的任务。再往下细分,班级中的班干部、组长等也是起到这样一个关键作用,他们只有将发现的问题和情况及时汇报,才能使班级和学校对安全隐患有一个及时的、有效的判断。所以,这个中间者就应该实事求是,不得隐瞒和谎报班级情况,要做到迅速、规范、负责。

(六)制订班级应急预案

班级突发安全事故是不可避免的,因此制订紧急预案是非常必要的。此类预案可以详细描述各类突发安全事件发生的前因后果,以及发生时我们应该如何处理。在制订此类预案时,应该明确预案的适用情形、逐步过程、详细分工、各岗位的权责等。

在班级管理中,根据以往的经验和案例分析,制订详细而周密的预防计划,能有效地减少班级突发安全事件的发生,减少突发事件带来的危害。在制订和执行预案的过程中,应该全面了解预案的内容,人尽其责,把保护学生生命放在第一位,以减少人身和财产损失、维护班级稳定为目的。

第三节　班级突发安全事件的紧急处置

班级突发安全事件给学生和学校带来了巨大的损失,作为老师应该十分重视突发安全事件。防患于未然,是班级突发安全事件应急管理的关键所在,但在校园中各种突发事件仍然时有发生,作为班主任,不仅要做好班级突发事件的预防工作,还需要掌握基本的应对方法,快速果断地做出处理,在最短的时间内解决问题,减少损失,维护学校的稳定,保障学生的生命财产安全。

班级安全突发事件存在着很大的偶然性、突发性和难以预测性,所以,突发事件的爆发总存在可能性。班主任在日常管理中应该遵循突发安全事件处理的原则,同时应该采取合理的措施来应对。

一、班级突发安全事件处置的原则

《国家突发公共事件总体应急预案》将应对突发公共事件的工作原则概括为:以人为本,减少危害;居安思危,预防为主;统一领导,分级负责;依法规范,加强管理;快速反应,协同应对;依靠科技,提高素质。教育部在《教育系统突发公共事件应急预案》中提出,应对突发公共事件应坚持的原则是:统一指挥,快速反应;分级负责,属地管理;预防为本,及时控制;系统联动,群防群控;区分性质,依法处置;加强保障,重在建设。遵照国家和教育部应急预案中关于应对突发事件应坚持的工作原则精神,针对学校实际、班级特点,我们认为,班级突发安全事件紧急处置的原则是：以人为本原则、挺身而出原则、快速反应原则、协同应对原则、依法处理原则、依靠科学原则、信息主导与公开原则。

（一）以人为本原则

班主任的工作不仅要教给学生知识和技能，还要确保学生人身安全，保证学生的身心健康发展。"以人为本"，实现好、维护好、发展好最广大人民的根本利益，是我们党和国家一切工作的出发点和落脚点，也是班级突发安全事件应急管理的第一要义。

坚持以人为本原则，班主任在处理突发安全事件中要始终以学生根本利益为重，要保障学生的合法权益得到保护，要保证学生的身心健康不受损害，要将突发事件带来的损失降到最低。要让学生感受到学校的温暖，感受到老师的关爱。唯有如此，才能在贯彻好国家政策的同时，促进学生和教师的共同发展，维护学校的稳定。

坚持以人为本原则，班主任应该多倾听学生的声音，与学生形成融洽的师生关系。这种和谐的关系不仅体现在课堂之中，更体现在课外生活中，尤其是对许多寄宿的学生来说，老师的问候，老师的关注，显得尤为重要。主动倾听学生的心声，能够帮助许多学生解决一些心理问题，避免由学生心理问题引发的突发安全事件的发生。

坚持以人为本原则，班主任应该组织学生主动参与到突发安全事件的处理中来，帮助学生形成独立处理突发安全事件的能力。这就需要班主任平常多开展关于突发安全事件的宣传教育，组织学生进行突发安全事件的应急处理演练。只有加强平时的重视，在出现问题时，才会游刃有余地解决问题。

(二)挺身而出原则

在班级突发安全事件处理中,必须遵循挺身而出的原则。在问题出现的时候,只有班主任敢于承担责任,冷静分析事态的程度大小,采取合理的措施,学生才会看到希望,才会配合老师应对事件的发生。只有这样,才能抓住事件处理的最佳时机,形成班集体上下齐心协力,万众一心,共渡难关的局面。

坚持挺身而出的原则,班主任在面临突发事件的情况下,必须要勇于承担责任。老师是学生的楷模,老师的行为会影响到学生的人格塑造,一个敢于承担责任的老师会帮助学生形成自信、乐观和勇敢的人格。

坚持挺身而出的原则,班主任要高姿态,严要求,敢于负责。只有老师和学生拧成一股绳,才能以一个紧密团结、坚强有力的集体形象展现在全校师生面前,才能号令统一、步调一致地带领全班同学应对一切突发事件。充分发挥班级的主心骨作用,是一个班主任尽职尽责的表现。

(三)快速反应原则

2012年7月下旬,首都北京发生多年难遇的特大暴雨后,北京市做出快速反应,将损失降到了最低。事实证明,只有在第一时间做出正确的反应,才能主动地应对突发事件。国家大事如此,班级突发安全事件更应遵循"快速反应"这个原则。

坚持快速反应原则,班主任要时刻关注学生的动态。这不仅要关注学生的学习动态,也要关注学生的生活动态。确保能够在事件发生的第一时间做出反应。这不仅需要班主任要做到尽职尽责,还需要有敏锐的观察力。

坚持快速反应原则，还要求班主任能够对突发安全事件做出敏锐的判断。正确的判断才会有准确的反应，才会做出正确的决策，从而解决问题，控制事态的发生。这就要求班主任在"第一时间"赶赴事发现场，做出应急处理，根据事态严重性，采取措施，并及时向学校领导汇报工作，避免事态扩大化。

（四）协同应对原则

在班级突发安全事件处理过程中，上下协同一致，相互配合非常重要。突发安全事件的不可预测性和应急处置的紧迫性，要求班主任不仅要做好学生的工作，还要加强与学校领导的沟通。只有上下实现协调运作，形成处置合力，发挥整体功能，才能尽可能地减少损失，降低负面影响。

坚持协同应对原则，班主任要时刻与学生保持畅通的交流。对一些隐藏的问题，尽可能扼杀在摇篮中；对已经发生的事件，做出最快反应，降低损失。这就要求班主任多倾听学生的声音，加强与学生的沟通交流。

坚持协同应对原则，班主任还要加强与学校的沟通交流。这就要求班主任对问题做出敏锐的判断，及时将可能出现的问题反馈给学校，以便学校制订预防措施。在处理突发事件的过程中还要积极配合学校的行动，以大局为重，以解决学生的困难，保障学校的稳定为方向。

（五）依法处理原则

依法行使应急管理权是现代民主宪政原则的基本要求。班主任作

为一名老师,代表的是学校的形象,在处置突发事件时,更应小心谨慎。

坚持依法处理原则,班主任首先要提高对依法处理的认识。《突发事件应对法》是我国第一部突发事件应对方面的法律,是各级政府包括学校在内的企事业单位及每个公民都应遵守的法律。作为班主任老师,应该认真学习,坚决贯彻执行《突发事件应对法》,要深刻认识依法实行应急管理是依法办学的重要内容,是预防和减少突发事件的发生,控制、减少和消除突发事件引起的严重危害,保护学生生命财产安全,维护学校和社会秩序的需要。

坚持依法处理原则,班主任要提高依法办事的觉悟。班主任应该认真学习《突发事件应对法》,一丝不苟抓好班级突发安全事件的工作。加强对学生进行应急知识教育,培养学生的安全意识和自救与互救能力。

坚持依法处理原则,班主任在应对突发事件时应依法执行。班主任在处理班级突发事件时,与一般突发事件有相同的地方,也有不同的地方。这就要求班主任在依法处理事情的前提下,切实考虑到学生的权益,做到依法办事,同时还要合情合理。对一些特殊事件,不能操之过急,草率从事,必须及时请示报告。

(六)依靠科学原则

科学管理原则是班主任处理班级突发安全事件要遵循的重要原则。科学管理紧紧按照科学发展观的要求,促进班主任日常管理工作。班主任学习科学管理,有助于提高应对班级突发安全事件的水平和指挥能力。因此,依靠科学原则,显得尤为重要。

坚持依靠科学原则，即班主任要以科学知识和实际经验来处置突发事件。对于一些自然性的突发安全事件处理，要对学生进行基本的技能性训练，掌握相关的科学知识和应对技能；对于一些人为性的突发安全问题，要加强对学生的知识培养和品德培养相结合的原则，建立班集体和谐的师生关系和同学关系。

（七）信息主导与公开原则

信息主导与公开是处理班级突发安全事件的一个重要部分。信息主导与公开有利于班级工作的顺利进行，也有利于推广经验，减少不必要的损失和事件的重发率。

坚持信息主导与公开原则，班主任要提高对班级突发安全事件处置信息管理的重要性认识。要认识到信息的公开是尊重师生知情权、监督权的必然要求，是作为一名老师依法处理安全事件的职责，也是调动全校师生积极性共同应对班级突发安全事件的重要措施。

坚持信息主导与公开原则，班主任要坚持用事实说话。保证信息的准确性和时效性，不能仅仅为了名誉就"报喜不报忧"，这样只会使班级突发安全事件愈发严重。除此之外，对于涉及国家信息安全和利益的问题要及时向学校汇报，严格遵循依法办事原则，维护国家安全和学校稳定。

二、班级突发安全事件处置的方法

居安思危，是每一个班主任应该有的意识，尤其是在对待班级突发安全事件时，更应该加强宣传教育，培养学生的安全意识，提高他们防范突发事件的能力。对待班级突发安全事件，在处置过程中应以

学生的身心健康发展和学校的安全稳定为工作目标,以师生互动为主导,充分发展学生的自救互救能力,加强班主任的监管工作,建立和谐的班集体。

(一)科学编制应急预案

班级突发安全事件往往具有偶然性和不可预测性,对于这种事件,班主任应该组织学生接受教育的同时,与学生共同建立符合班集体的应急预案。保证让学生随时联系到老师,减少事件的发生率和带来的损失。

(二)组织开展应急培训

养兵千日,用兵一时。许多突发事件,之所以带来了巨大损失,往往是因为学生之前没有经过培训,事情一旦发生时,慌乱之中,失去了应对的能力。

班主任利用班会组织学生学习,加强学生对班级突发事件给学生和学校带来的伤害和损失的认识。同时,通过学习,提高学生对各种突发事件的认识,并学会如何应对各种突发事件。

班主任可以组织班集体与其他班集体合作,进行模拟培训。几个班集体假设突发事件的场景,让学生在假设的场景中学会自救和互救,提高学生的自我防范意识和能力。

(三)成立班级突发安全事件预防小组

在班级突发安全事件的预防和处置中,学生扮演了重要的角色。班主任只有在学生的积极配合下,才能更好地预防事件的发生,才能在突发事件发生时,游刃有余地应对。

班级突发安全事件预防小组要分工明确。预防小组基本上可以分为排查、监督、联络等几项工作。排查工作一定要确保认真负责，监督工作要严格要求，排除一切隐患，联络工作需要较强的言语表达能力和组织能力。如果预防小组可以发挥很好的作用，班级突发安全事件将会得到很好的控制。

（四）排查班级安全隐患

做好排查工作，班主任必须引起十分的重视，认真负责，不放过任何一个带有隐患的地方。在预防小组和同学的配合下，对每一个可能发生安全事件的地方进行排查。

排查工作要定期进行。班主任不能因为班内长期没有发生事故而放松警惕，而是应该带领学生进行定期的排查，把学生的安全放在第一位，同时向学校做好汇报工作，协同学校上下排除一切班级安全隐患。

（五）尽快制订处置方案

班级突发安全事件的不可预测性，造成一些事件难免会发生。当事件发生后，班主任应在第一时间赶赴事发现场，分析事件的严重程度，尽快制订处置方案。

处置方案一定要以学生的安全和学校的稳定为前提。同时，还要保证方案的可实施性，在最短的时间内将险情排除。

班主任在处理突发安全事件时，应该首先安抚学生的情绪，保证学生的安全。同时，向校方反映问题，请求学校协同处理，将损失降到最低。

（六）发挥主要负责人作用

班主任作为班集体的主心骨，在事件发生时要保持镇定的心态，

这就要求班主任具备良好的心理素质和应对能力。在学生面前不慌不乱，在事件面前不急不躁，合理分析事件发生的原因，准确判断事件发生的事态。

班主任还要发挥班干部和预防小组成员的作用，在事件处理过程中，形成师生协同应对的局面。只有如此，才能在最短的时间内将险情尽快排除，将损失降到最小。

(七)正确引导舆论方向

班级突发安全事件往往会引起学校和社会的关注。面对校方和社会的关注，班主任应该在不损害学校和社会的公共利益之下敢于站出来，敢于说真话。

事件处理完成后，班主任应该第一时间将事件发生的起因、过程、处置结果向学校汇报，并形成书面材料交予校方领导。

面对社会媒体的关注，班主任作为现场负责人，应该正确面对媒体，用事实说话，避免带来一些负面影响。

(八)矫正情绪失衡状态

班级突发安全事件发生后，往往会给学生带来一些心理影响。班主任应该及时做好学生的失衡矫正工作，保证学生在以后的学习生活中健康成长。

对于学生身体方面的问题，班主任要随时关注，避免学生在学校的公共活动中病情加重。对于学生心理方面的伤害，班主任要及时安抚，帮助学生解除疑惑，打开心结。

(九)适时抚慰、表彰、惩处

班级突发安全问题的出现有各种原因，班主任应该认真调查，做出书面的总结，避免在以后工作中再次出现这种事件。

对于事件中受到伤害的同学，要做出适当的抚慰，减轻突发安全事件给学生带来的负面影响。对于事件中表现出色的同学要适当地给予口头或者物质奖励，并让大家向其学习。

班主任在处置完班级突发安全事件后，要认真总结突发事件。对预防、控制、处置、善后阶段的工作要认真反思，找出工作中的薄弱环节，并采取切实的措施加以改进。在以后的工作中不断地修改、完善工作方法，提高班级工作处理的水平。

【案例】

一起班级突发"流血"事件

在学校，很容易突发安全事件。教师本身应有"保证学生安全重于泰山"的责任，要有妥善处理的能力，不管遇到什么情况，都要挺身而出。安全事件是多方面的，有外界的，也有学校内部的。班级"突发事件"就是班级工作中，让你意想不到的突然发生的，有不良影响的事件。如学生之间打架斗殴，损坏公物，与老师闹情绪，与社会上人闹矛盾，运动会上意外伤害等。处理好此类事件可以起到平息事端，化干戈为玉帛，甚至变坏事为好事的作用，从而不仅能提高教师威信，增进师生感情，更重要的是能够让你以后更好地工作。反之，一旦处理不好，极易使矛盾升级，使事态激化，甚至导致师生冲突，带来无法挽回的不良社会影响和后果。对于班主任说，有处理此类问题的能力极为重要，要理智、要机智、要公平、要民主、要教育学生团结有爱、要爱护关心学生。

今年4月，我班所在的预备年级组织了一个迎面接力比赛的活动，主要是为了检验预备年级早锻炼的效果，丰富早锻炼的内容和形式，提高学生参与锻炼的积极性，增强班级凝聚力，于是学生兴趣浓厚，锻炼激情高涨，跃跃欲试，主动加强训练，誓夺第一。

由于是周五比赛，我班从周二开始就加强训练，我将学生分成男女两部分先测试跑步速度，进行初选，确定男女各十人，再分在50米跑道的两端进行交接棒训练。我先把学生集中起来，给他们强调接力赛制胜的关键还不是速度，（因为大家的实力悬殊很小），而是不要掉棒，而导致掉棒的原因就是握棒位置不对（比如拿到棒的中间位置，在跑步的过程中又没有及时调整，去握棒的底端或上部，把棒的中间露出来，以便顺利地传递给下一位同学），交棒动作有误（不是提前竖举着，给接棒的同学充分的准备去瞄准接力棒，做好接棒的姿势和心理准备，而是跑到跟前再戳过去导致措手不及），和跑到交接线的前五米没有减速（太快了，没法在冲过终点时再同时完成交棒的动作导致带棒过线或是没看清楚就匆忙交棒导致掉棒）。所以，我耐心给学生讲解清楚以后，就把学生分成两列，开始训练了。我站在男生队伍这边，因为他们要粗心一些，需要临场知道叮嘱怎么交接棒，同时喊口令，女生队伍在50米以外的队伍那端，看着还挺好的，秩序井然。于是，就开始一个接一个的跑步训练起来。

这时，一个同学突然从女生队伍那边跑过来对我说："胥老师，晏悦和肖茹月撞到一起了，都撞流血了！"我当时压根儿没觉得严重，就说让他们到医务室处理一下吧，可能也就是破了点皮而已，我继续指挥同学们训练。又过了一分钟，两位同学分别扶着晏悦和肖茹月到校医室去了，经过我这里给我汇报了一下。我看到晏悦的眉骨出血了，流在了脸上，而肖茹月的嘴唇破了也在出血，两个孩子都是用手把伤处捂着，我安慰他们不要怕，勇敢些，是小问题，到校医那里先包扎了再说，然后我继续训练剩下的学生，他们两人在同学的搀扶下去了校医室。又过了几分钟，有孩子跑过来汇报："胥老师，代老师说要你亲自过去，因为伤势比较严重！"我才意识到不是简单的小伤了，于是赶紧和同学一起跑到了校医务室。

代老师已经给两个孩子的创口清洗干净，在她的耐心说明下，我也看得很清楚，晏悦的右边眉骨处有一个T字形的裂口，横长约6毫米，竖长约4毫米，而肖茹月的嘴唇已经完全肿了，在里面有一个长约一厘米的口子，较为严重，看得出她很痛，在哭，而晏悦一直很坚强，没有哭。按代老师的说法，两个孩子都必须到医院去缝针才行，不能只是简单地贴上创可贴，否则伤口愈合不规则会留下难看的疤痕。我当时真是吓到了，很心痛，很自责，但是不能在学生面前没了主意，乱了分寸，当务之急是按照代老师的建议马上送医院，救孩子要紧！于是赶紧竭尽所有拿出500块钱，代老师自己也拿出了身上所有的钱，然后考虑到我马上要上课了，而且班上还有五十个学生在等我去管理，她就带两个孩子去了附近的七医院，我真是万分感谢，谢谢代老师的热情帮助和细心照顾！然后，我马上和家长取得了联系，及时通告了真实情况，请他们到校协同处理，之后，我把肖茹月沾上血的校服拿到水池边仔细洗净了并晾好。回到办公室，内心起伏不平，但我命令自己冷静！面带微笑地进教室，先给同学们交代这件事的起因经过以及处理措施，反思在接力赛中我们应该注意避让对面冲刺过来的同学，让出跑道，避免再次发生类似伤害事件，孩子们都很乖，然后，我认真地上完了这节数学课。下课了，孩子们开心地享受课间十分钟，一个男生马锐翔过来垂头丧气很害怕的样子找到我，说是他跑过去时不小心绊了晏悦一脚，晏悦没有站稳，

才一下子失去平衡跌撞过去碰到了肖茹月，他很自责，很害怕，说要赔多少钱，我安慰他说不要紧的，又不是故意的，以后注意点就是了，一切等处理下来再说。然后，我关上办公室的门，眼泪就那样流下来了……

我当班主任经验并不丰富，我很少碰到这样的事情，但我知道，以人为本，首先是孩子的安全和健康，校园安全事件很多都是突发和不可预知的，而处理的流程也很简单和规范，没什么复杂的，该怎么办就怎么办，救护学生、通知家长、保险理赔等。同时在班级上，要以此为契机，加强安全教育，提高防范意识，各项活动组织协调有序，并有充分的预见性。

是的，我知道是这样，我今天也是这样处理的，和家长及时取得了联系，家长也很理解和支持，还感谢学校老师的及时处理和对孩子的关心帮助。我真的为有这样通情达理的家长而感到欣慰，谁不想自己的孩子交到学校了托付给老师了，一切都是好好的，愉快地学习知识，轻松地和伙伴交往，参加各种有益的活动，生龙活虎地结束一天校园生活回到家里呢？但是，今天因为我的疏忽，就出了这样的事情。我就是少叮嘱了一句："请同学们让开跑道，当心撞上！"并安排有效的人力去两端队伍处负责提醒和疏通，如果我做到了这些，而不是只关注怎么交接棒怎么取得第一，那么这两个孩子可能不会受伤。所以，我心里难受，感到对不起他们和他们的家长。

接近中午时分，代老师带着两个学生回来了，都缝了针，晏悦缝了七针，肖茹月缝了四针，他们的情绪都很平稳，毕竟是小孩子，一会儿就说说笑笑了。我给他们先发了饭盒，又盛了一些他们爱吃的菜，两个孩子就坐在我办公室先吃起来，只是肖茹月嘴巴不能张得太开，最好不要说话，毕竟嘴上刚缝了针，所以，有点不方便。

后来两个孩子的伤口愈合情况都很好，在规定时间去拆了线，都没有留下疤痕，特别是肖茹月又是女孩儿，幸好伤口在嘴唇内部，否则破了相就遗憾了，而晏悦的伤口也恢复很好，又刚好在眉毛处，一点都看不出来，家长也非常满意。特别感谢代老师，帮助学生把保险赔付相关事宜也处理好了。

后来，晏悦和肖茹月都没有再参加接力赛的训练，而是在早锻炼的时候旁观加油，我们又接着训练了两天早上。到了周五，我班健儿团结一致奋勇拼搏，勇夺第一，赛后我们都笑称："这可是用血的代价换来的啊！来之不易！"

通过这件事，我深刻体会到班主任工作的不易和责任，需要高度的细心和耐心，必须要加强学习，多与同行交流获取经验，安全问题时时放心上，不能麻痹大意，防患于未然，才能最大限度避免此类事件的再次发生。

【点评】

班主任是和学生走得最近的人，在学生的学校生活中，班主任应该是他们的保护伞，是他们的精神力量支持者，当他们遇到危险或者困难时，作为班主任应该冲在前面去保护他们。

针对这件案例我们应该反思一下，有几点值得注意：

一、孩子们的安全工作重于泰山，老师要有高度的细心和耐心，争取不因为自己的疏忽给孩子带来危险。校园流血事件的避免，其实也反映出一所学校在安全管理中的高度重视和班主任的认真负责。校园流血事件的发生，有时也会折射出一所学校在安全管理中存在一些死角和漏洞。虽然学校和班主任严密地关注着学生的安全工作，包括交通安全、饮水

安全、用电安全、人身安全，可是我们还是不可避免地会遇到一些突发事件。现在的孩子心理很复杂，有时他们的内心活动隐藏得很深，他们有时不再那么单纯地什么事情都告诉老师，往往是事情发生了我们才知道一些事情的严重性。所以作为班主任，我们在工作中真的不能马虎大意，需要提高警惕，必要的时候我们要及时通知学校，引起学校的高度重视。有时当我们的力量薄弱的时候，我们要依靠学校的力量共同做好学生的安全工作，安全工作常抓不懈，容不得放松！

二、遇到流血突发事件时，作为班主任要先保持冷静，争取找到最佳的解决策略。遇到一些突发问题的时候，学生有时可能会做事冲动，有时他们可能会出现害怕心理。在学生们遇到暴力突发事件时，班主任首先不能慌乱，要保持清醒的头脑，前提是不能让孩子们受到伤害，要争取尽可能地去保护学生。

三、平时加强对学生的安全教育，多教给学生一些保护自己的技巧，让学生们远离流血事件！

班主任工作中，教会学生自我防护，同时教育他们多帮助别人就等于在帮助自己，对待老师和同学，我们应该多怀着一颗感恩的心去交往。

在班级突发事件发生的那一刻，班主任不应该退缩。只有永远和学生站在一起，关心他们、爱护他们、保护他们、教导他们，才不愧为人师！

（本章撰稿人：毕丹丹、封忠晨、耿珊珊）

第七章　突发自然灾害的应对

第一节　自然灾害概述

一、自然灾害的含义

自然灾害是人类依赖的自然界中所发生的异常现象，自然灾害对人类社会所造成的危害往往是触目惊心的。尤其在学校教育中，自然灾害对学校造成的危害是不可估量的，自然灾害的突发性破坏性等特点，让学校教育变得尤其被重视。社会要从科学的意义上认识这些灾害的发生、发展，以及尽可能减小它们所造成的危害，减少自然灾害对学校教育的影响。自然灾害是指由于自然异常变化造成的人员伤亡、财产损失、社会失稳、资源破坏等现象或一系列事件。它的形成必须具备两个条件：一是要有自然异变作为诱因，二是要有受到损害的人、财产、资源作为承受灾害的客体。自然灾害在发生的过程中对社会，对学校教育，对其他团体和单位都会造成不可估量的损失和破坏。学校教育是社会发展的中坚力量，而自然灾害对学校教育的破坏将会造成严重的社会损失。本章讲的自然灾害主要是指各种突发性的、易对学校造成生命财产损失的自然灾害。

二、学校自然灾害突发事件的类型与特点

（一）学校自然灾害事件的主要种类

1. 洪涝灾害

洪涝灾害是指因气象等原因使水位异常升高，冲破堤岸，淹没田地、房屋，淹死人畜，并引发疾病等灾害的现象。广东省内河流众多，有大小河流近2000条，总长3600千米。广东的气候有明显的季风性气候和海洋性气候的特点。全省平均年降水量为1500~2000毫米，粤东、粤中、粤西三个暴雨中心的年降水量超过了2200毫米。每年4—9月为雨季，占全年降水量的75%~85%，最大过程降水量为1461毫米，最大日雨量为884毫米。广东是我国洪涝灾害多发的省份，尤其是广东的主要经济开发区，如珠江三角洲、潮汕平原、鉴江三角洲等，都位于江河的下游，且河网密布，极易发生洪水，高度重视此类问题是非常必要的。

2. 气象灾害

气象灾害是指因光、热、水、气等气候因素异常变化对人类的生命财产、经济建设和生态环境等造成直接和间接损害的一种自然灾害。在我国影响广泛的气象灾害有20多种，主要有台风、暴雨、高温、热浪、热带气旋、霜冻降温、龙卷风、冰雹、雪害、连阴雨、浓雾、沙尘暴、雷电等。同时，气象灾害还会引发洪涝灾害、地质灾害、海洋灾害、生物灾害、森林火灾等其他自然灾害。气象灾害中可能对学校师生安全产生严重危害的，主要是台风、热浪、沙尘暴、雷电和龙卷风等。

广东省天气气候情况稳定性较差，是气象灾害的多发区。其中，对广东经济社会发展影响最大的气象灾害是台风，广东是全国台风登陆开始最早和结束最迟的省份之一，也是全国台风登陆最多的省份，平均每年登陆广东的台风近4个，约占全国的40%。台风是一种极其严重的灾害性天气。台风本身会带来狂风、暴雨和风暴潮，还可能引发其他次生灾害，如暴雨洪水、山体崩塌、滑坡、泥石流等。因此台风是广东自然灾害的"首恶"，台风造成的损失约占广东每年自然灾害总损失50%～60%以上。

3. 地震灾害

地震灾害是指由地震造成的人员伤亡、财产损失和生态环境的损害。我国地处环太平洋地震带和欧亚地震带之间，是世界上大陆地震最多的国家之一。地震的分布具有一定的规律性，我国境内地震分布主要有，东北地震带、台湾—闽粤沿海地震带、新疆地震带和川滇藏地震带等。地震是一种破坏力极大的自然灾害，除了直接带来的山崩地裂、房屋倒塌、沙土液化、喷沙冒水外，地震还会带来火灾、水灾、海啸、毒气污染、细菌污染、放射性污染、滑坡和泥石流等次生灾害。

4. 地质灾害

地质灾害是指由于自然作用产生和人为活动诱发的导致地质体或地质环境发生变化，给人民生命财产和人类生存环境造成危害的一种灾害。通常所说的广义的地质灾害可以分为地震与火山、斜坡岩石位移、地面变形、土地退化、海洋动力灾害、矿山与地下工程灾害、特殊岩石灾害、水土环境异常、地下水变异、河湖水库灾害等。按照地质灾害发生、发展的进程，可以分为渐变性地质灾害和突发性地质灾害两大类。渐变性地质灾害如地面沉降、水土流失、水土污染等，一般都有明显前兆，可以进行有效地预防和救助，通常情况下只会造成经济损失，不会出现人员伤亡。突发性地质灾害，如山体崩塌、滑坡、泥石流、

地面塌陷、地下工程灾害等，可预见性差，其防治工作常是被动式的应急处置，其后果不光造成经济损失，也造成人员伤亡。因此，突发性地质灾害是引发学校突发性公共事件发生的主要地质灾害，当然，强调突发性地质灾害是引发学校突发性公共事件的主要地质灾害，并不意味着对渐变性地质灾害的预防和救助可以有所松懈。

5. 海洋灾害

海洋灾害是指源于海洋的自然灾害。海洋灾害主要有灾害性海浪、海水入侵、海岸侵蚀、海冰、赤潮、海啸和风暴潮；灾害性海浪是海洋中由风产生的具有灾害性破坏的海浪，其作用力可达到30~40吨每平方米。海水入侵是指在沿海地区，由于大量开采地下水导致地下水位大幅度下降，海水漫入沿海含水层，并逐渐向内陆渗透的现象。海冰是指海洋上一切的冰，包括咸水冰、河冰和冰山等。赤潮是一种常见的海洋灾害，是指海洋中某些微小的浮游藻类、原生动物或细菌，在一定的环境条件下爆发性繁殖或集聚而引起水体变色的一种有害的生态异常现象。海啸是一种具有强大破坏力的海浪。当地震发生在海底，因震波动力而引起海水剧烈起伏，形成强大的波浪，向前推进，将沿海地带——淹没的灾害，称之为海啸。风暴潮是由台风、温带气旋、冷锋的强风作用和气压骤变等强烈的天气系统引起的海面异常升降，使受其影响的海区的潮位大大地超过平常潮位的现象，又称"风暴增水"，或"气象海啸"，或"风潮"。这些海洋灾害中，可能引发学校自然灾害突发事件的是风暴潮和海啸，其他的海洋灾害尽管会对社会造成重大的经济损失，也会对外出的师生的人身和财产造成损害，但一般不会对校园安全产生直接的严重危害。

6. 森林火灾

森林火灾是指失去人为控制，在森林开放系统内自由燃烧和自由蔓延，并对森林、森林生态系统和人类带来一定危害的破坏性燃烧现象。森林火灾的特点是：引发火灾的原因多，突发性强；起火初期不易察觉，一旦燃起，火势凶猛，蔓延速度快；涉及面广，区域性大，受灾面积广；受自然条件和气象因素影响大，不易控制，难以扑灭，造成相当大的经济损失和森林生态系统的严重破坏。森林火灾对校园的影响主要有两个方面：一方面是处于森林之中的学校，因森林火灾而引发学校自然灾害突发事件；另一方面是青少年学生不适当地参与当地的森林火灾扑救而引发的学校自然灾害突发事件。森林火灾引发的学校自然灾害突发事件主要在农村，尤其是山区。

（二）学校自然灾害突发事件的特点

1. 种类多

我国自然灾害地区分布广泛，地形崎岖，天气现象复杂多变，因此我国自然灾害种类繁多，对我国影响最大的自然灾害有很多。其中每种大的自然灾害中又会夹杂各种其他的自然灾害。如海啸的发生伴随而来的就是地震、暴雨等自然灾害，山洪灾害包括暴雨灾害、冰凌洪水、泥石流等灾害。

2. 地域性

在我国，自然灾害在空间分布上具有明显的地带性和区域性特点。如洪水灾害主要发生在我国珠江、长江、淮河、黄河、海河、辽河和松花江等七大江河及其支流的中下游地区；地质灾害主要发生在安徽、湖南、云南、重庆、广西、四川和福建等地；地震灾害主要集中在东

北地震带、台湾—闽粤沿海地震带、华北地震带、新疆地震带和川滇藏地震带等。广东省自然灾害的分布也具有区域性的特点,海洋灾害、地震灾害主要集中在沿海一带,洪水灾害主要集中在珠江三角洲平原区,气象灾害主要在西江、北江、东江流域;森林火灾、地质灾害主要在粤北、粤东和粤西。

3. 频繁性

由于自然灾害的发生是与一定的地质构造和地理条件紧密联系的,这些自然条件的存在具有稳定性,所以也使自然灾害的发生具有相应的频繁性和周期性。广东自然灾害的发生也比较频繁,如珠江流域水旱灾害每2~3年发生一次,大的水旱灾害约每20年发生一次;主要灾害性天气也存在2年、8年和10年左右的震荡周期;其他如台风、地震等也有一定的周期性规律。

4. 并发性

我国境内的自然灾害一般等级高、强度大,容易诱发次生灾害和自然衍生灾害,从而形成灾害链。广东省自然灾害的连锁反应也很明显,一些强自然灾害引发出一连串的次生灾害,形成群发性灾害体系。

5. 突发性

自然灾害的突发性特点在自然灾害中表现得尤其明显。自然灾害在发生的时候往往突破了人类已经认识到的自然规律,在人们不可预知的情况下突然发生,让人无法防备。

不同的自然灾害其形成过程有所不同,有些自然灾害,其成灾过程带有突发性,如地震、台风、龙卷风等往往在几个小时、甚至几秒钟内就形成巨大灾害。有些自然灾害形成过程缓慢，各个阶段都要经历较长的时段，如干旱、水土流失等。一般情况下，渐进性自然灾害不会对学校的师生安全造成威胁，引发学校自然灾害的公共事件主要是突发性自然灾害。

6. 社会性

自然灾害的社会性主要是指：第一，自然灾害威胁到人类社会的安定、生存和发展。自然灾害常常造成严重的经济损失和人员伤亡，直接影响经济社会发展和社会稳定。严重的自然灾害可能威胁到人类的生存，引起社会动乱，甚至毁灭城市和人类文明。第二，人类的盲目活动会加剧和诱发一系列自然灾害。第三，人类的积极活动可以预防自然灾害，减轻灾害损失。由此可见，自然灾害与人类社会息息相关，具有广泛的社会性。

三、自然灾害突发事件的等级划分

按照各类突发公共事件的性质、严重程度、可控性和影响范围等因素，总体预案将突发公共事件分为四级，即 I 级（特别重大）、II 级（重大）、III 级（较大）和 IV 级（一般）。

（一）特别重大事件（I级）

学校所在区域内人员与财产遭受特别重大损失，对学校教学和生活秩序产生特别重大影响的事故灾难。

（二）重大事件（II级）

学校所在区域内人员与财产遭受重大损失，对学校教学和生活秩序产生重大影响的事故灾难。

(三)较大事件(Ⅲ级)

学校所在区域内人员与财产遭受较大损失,对学校教学和生活秩序产生较大影响的事故灾难。

(四)一般事件(Ⅳ级)

对个体造成伤害、对学校的教学和生活秩序产生一定影响的灾难事故。

四、常见自然灾害的预兆

(一)海啸

海啸发生前,是有征兆的。比如,海底的突然下沉,会引起水流向下沉的方向流动,从而出现快速退潮。由于海啸的能量传播要作用于水,一个波与另一个波之间有一个距离,这个距离,就为那些有知识的人留下了逃生的时间。

(二)滑坡和泥石流

山区连续强降水,导致山体松动。暴雨会使土壤松软,当土壤饱和度达到临界点时,就会产生泥石流。连续强降水期间,如果附近再发生轻微的地震,极有可能引发泥石流。泥石流发生前,河水有轰鸣声,出现主河流水位上涨及正常流水突然中断等现象。滑坡是斜坡上的岩土由于种种原因在重力作用下沿一定的软弱面整体向下滑动的现象。

(三)火山

火山爆发时,会有地光(地光是指大地震时人们用肉眼观察到的天空发光的现象)出现,火山口及周围地区可以闻到刺激性气味。不正常的气体增加,表示火山爆发前某些火山气体已"先行"了。一般是硫磺和硫化氢的味道。

(四)龙卷风

龙卷风常发生于夏季的雷雨天气,它袭击范围小,直径一般在十几米到数百米之间。龙卷风的破坏时间一般只有几分钟,最长也不超过数小时。这种风的征兆很难捕捉,都是突然袭击。

(五)水灾

水灾通常由台风暴雨、持续降雨、融雪洪水引起,来势凶猛,破坏性极大。如果出现以下几种现象,通常预示即将发生水灾。强台风到来,往往携风带雨,强台风引发海啸,使沿岸地区海平面上升,以致水淹陆地。上游连续强降水,导致下游的雨量和本地区降水不成比例。本地连续降雨,多日不停。初春融雪及融冰期,容易发生突发性水灾。

五、自然灾害的影响以及对学校教育的影响

(一)给人们的生命安全造成破坏

海啸、地震、火山爆发、飓风与龙卷风、洪水、暴风雪等都是具有极大的破坏性,突发的自然灾害,对人们的心理和身体都会造成巨大的伤害,尤其是对人们的生命安全。当破坏性极大的自然灾害发生时,学校师生都会遭到前所未有的破坏,会带来严重的生命问题,甚至造成死亡。如汶川、北川,8级强震猝然袭来,大地颤抖,山河移位,满目疮痍,生离死别……西南处,国有殇,这是新中国成立以来破坏性最强、波及范围最大的一次地震,其中北川中学遇难学生823人,幸存1131人,教师遇难40人,幸存92人,18名教职工子女遇难。

(二)给社会和学校造成严重的财产损失

严重的自然灾害对社会和学校会造成直接以及间接的经济财产损失。如2008年汶川地震不仅夺去了师生的生命，还使灾区学校的教学建筑遭到破坏，使灾区的输电线路、校园道路、学校操场等遭到损坏。自然灾害如地震、洪水等，可能直接震垮工厂、冲垮工厂，会对经济造成更直接的影响。这个影响的程度，有时可以摧毁一个地方的工业体系。据统计，我国有70%以上的大城市、半数以上的人口，分布在气象、海洋、洪水、地震等灾害严重的沿海以及东部地区。毫无疑问，处在这些灾害严重地区的大、中、小学校，同样也会面对这些灾害带来的损失。

(三)打乱社会和学校正常的生活秩序

严重的自然灾害会使社会正常的生活秩序、学校正常的教学秩序遭到破坏。如台风来袭时交通可能瘫痪，造成人们生活的不便，学校可能被迫停课。强大地震发生时可能造成人们无法正常地生活，学校无法正常地上课。如2008年，我国南方的冰雪灾害，造成了南北交通动脉的大堵塞，成千上万的人们滞留不能及时回家过年，给人们正常的生活带来前所未有的困扰，对人们的生活带来极大的改变，打破原有的社会秩序和学校教学秩序。

第二节　突发自然灾害的预防

预防是校园突发自然灾害应急管理的第一阶段，是应对突发事件的基础，有效的预防可以提高学生应对突发自然灾害的能力，避免或者是最大限度地减轻自然灾害所带来的危害。《礼记·中庸》中说："凡事预则立，不预则废。"我们做任何事情之前都应该有所准备，虽然自然灾害的发生是不可避免，也是不能完全预料的，但是班主任还是应该针对校园可能突发的一些自然灾害做出预防性措施，这样就不会导致学生们在灾害来临时手足无措，从而减轻自然灾害所带来的损失。

自然灾害来势凶猛，并且在短时间内会造成极大的伤害，校园突发自然灾害则会给学校带来极大的损失，威胁到学生及教师的生命安全。因此，为有效地应对校园内可能发生的各种自然灾害，避免和减轻自然灾害所造成的损失，确保学生的生命安全，班主任在班级管理中就应针对自然灾害的地域性、频繁性等特点，在自然灾害发生之前进行一些预防，做足准备工作，以便学生们在它发生之初就可以迅速采取一些切实可行的措施，将自然灾害所带来的损失降到最低。

校园的安全工作重在预防，班主任的预防工作重点就是要学会如应对自然灾害可能造成的损害。学校安全工作极为重要，班主任必须认真对待，不能有一时的疏忽和大意，一定要时刻注意，处处小心，保持高度的警惕性，竭尽全力做好安全预防工作。这样，学校才会成为

一个让社会满意，家长放心，师生安心的平安校园。

一、学校突发自然灾害的预防原则

(一)未雨绸缪的原则

自古以来，中国就重视对危机的预防，强调"防患于未然"，因此，未雨绸缪原则或者是预防的原则，是应对突发自然灾害的首要原则。在实际中，预防原则就是指通过对突发自然灾害的某些基本规律加以掌握，并且根据现有的条件和设施，设计一些计划和方案，为自然灾害的突发做适当的准备，在灾害来临之前做好各种预防措施。

人类产生之初就伴随着各种自然灾害的不断发生，在这期间，各国都积累了许多预防自然灾害的经验，首要的就是应当坚持以预防为主。坚持预防为主，具体而言，就是要求班主任对自然灾害的突发需要有一定的认识，了解它们的基本规律，并依据学校的现实情况，采取一些力所能及的措施加以预防。班主任要预防学校突发的自然灾害，必须按照国家颁布的关于突发事件的应对方面的规定，实行以预防为主的原则，要对学生进行忧患意识的教育，使学生从思想上重视突发的自然灾害，增强安全意识，提高他们的警惕，从各个方面加强预防。班主任应时刻关注各种自然灾害的信息，切实将学生的安全放在首位。

(二)常抓不懈原则

预防突发的自然灾害不是一朝一夕的事情，而是要坚持常抓不懈，才能取得一定的成效。我国是一个地质灾害比较多的国家，自然灾害不仅种类多，发生频繁，而且遍及全国各地，给各级各类学校带来了深重的灾难。因此，班主任在认清自然灾害的多发性、突然性的基础上，必须高度重视对自然灾害的预防，要始终不能松懈。面对自然灾害随时可能会爆发的实际情况，班主任要时刻警惕，细心观察，争取在自然灾害发生的第一时间内就可以采取相应的措施，而不会手足无措，任由其发展。所以，班主任应将预防自然灾害作为每天的日常工作，不能有任何一丝一毫的放松。

（三）因地制宜原则

自然灾害的一个重要特点就是地域性，在不同的地方会发生不同的自然灾害。因此，处于不同位置的学校遇到的自然灾害可能就会有所不同，班主任应根据学校所处的地理位置的不同，受到的自然灾害的不同，采取不同的预防措施。班主任需要了解学校实际所在的自然环境，对学校可能会受到的自然灾害有一个清晰、明确的认识，然后从实际出发，因地制宜，根据学校的真实情况，把重点放在对学校威胁最大的自然灾害的预防工作上，取得自然灾害预防工作的实质性突破。

（四）快速反应原则

大量的事实说明，只有在第一时间做出正确的反应，才能主动地应对突发事件，所以班主任在预防突发自然灾害时应坚持迅速反应的原则。坚持这一原则，首要的就是要求班主任树立"第一时间"观念。校园突发自然灾害具有突发性、破坏性的特征，发展迅速，来势汹汹。因此，校园突发自然灾害一旦发生，时间因素就十分重要，班主任必须在尽可能短的时间内果断采取行动，这样才能有效地防范自然灾害所带来的负面影响，为学生们的生命安全创造有利的条件。

二、学校突发自然灾害的预防措施

自然灾害的发生虽然具有不可抗拒性，但是如果采取灾害发生前的一些紧急预案措施，就可以把自然灾害的损失降到最低限度。因此班主任要抓好自然灾害的预防工作，必须采取一些预防措施，重点应做好以下几项工作：

(一)加强防灾思想教育，增强安全意识

要做好一件事情，必须加深对这件事情的学习和理解。而就目前来说，中学生应对突发自然灾害的综合素质还很低，防灾避险的意识较差，当突发事件发生时更不知道怎么办，造成了一些不必要的伤亡。因此，要做好校园突发自然灾害的预防，班主任应把学校安全教育工作当作一项重要工作来抓，全面部署，首先就要从学生的思想方面入手，开展学生安全教育，使学生对自然灾害有着一定的认识，增强他们的安全意识。在学校里可以开展安全教育课、自然灾害大讲堂，发放一些安全手册，播放安全教育宣传片，制作一些自然灾害宣传版画等，广泛开展减灾教育，使学生从思想高度上真正认识到这个问题，增强他们的忧患意识。

在具体开展防灾教育的过程中，可以从以下几个方面入手。

首先，宣传灾害知识。中学生心智尚未完全成熟，对自然灾害的认识也不完全。因此，班主任应通过宣传各种灾害知识，推进安全教育走进课堂，使中学生对自然灾害的特点及其影响有一个正确的认识，使学生们真正地意识到，自然灾害的发生虽然是不可避免的，但是是可以预防的。这样，就从思想高度上提升了学生们的认识，也提高了学生们自我防护的能力。

其次，增强安全意识。中学生处于成长的阶段，在灾害发生时必然会感到害怕与无助，茫然失措。所以，班主任可以通过对一些校园突发自然灾害事例的分析，使学生们意识到自然灾害发生时我们是可以采取相应措施的，从而增强了学生们的安全意识，使他们在心中树立一种强烈的信念，以提高应对安全事件和紧急情况的能力。要教育学生掌握，一旦发生了突发事件，一定要坚持以人为本，生命第一，积极避险，科学逃生。这样当自然灾害突发时，中学生就可以采取一些正确的举动，降低自然灾害所带来的巨大损失。

最后，普及减灾技能。自然灾害的预防工作十分重要，但是这些工作不能仅仅停留在思想认识上，更应从行动上来普及学生们的减灾技能。班主任可以采取一些减灾演习，开展自然逃生教育和演练，来提高中学生的抗灾能力，以减少因为缺乏这方面的技能而造成的一些不必要的损害。在宣传教育时，还可以结合一些具体事例，来增强效果，再结合一些实际演习，使同学们通过学习实际案例和亲身体验，能够学到真正的自救与互救能力，减少实际伤亡人数。

"增强忧患意识，防患于未然"是十分必要的。在防灾减灾中，中学生需要增强自己的防灾意识，了解与掌握一些基本的避灾知识，这样在自然灾害发生时，他们就能够知道如何处置灾害情况，如何保护自己，帮助他人。总之要使学生掌握一些基本的避灾知识与自救、互救的技能，达到减灾的目的。

（二）定时、定期调查，加强信息处理

事前管理是突发事件应急管理的核心。在自然灾害突发之前，收集相应的信息并做出迅速而有效的反应，可以减轻突发自然灾害所造

成的损失。收集信息，是做好预防突发自然灾害工作的一项重要举措，通过定时、定期调查，及时收集安全信息，并对信息加以分析、处理，以便更好地对可能发生或即将发生的安全隐患进行预防和排除，采取相应的应对措施。班主任应同学校联系起来，成立一个专业小组，专门进行安全信息的调查，来收集相关信息，并将收集到的信息向上一级进行反馈和处理，进一步完善校园自然灾害的预防工作，同时也要注意以下两个方面。

首先就是要调查信息。通过关注国家气象局的预报，收听中央气象台以及本地气象台发布的天气预报，了解灾害信息，时刻关注政府发布的一些有关自然灾害的警报。同时，班主任还要加强学校与政府的联系，尽可能接收到关于自然灾害的第一手资料，加强信息的调查，不能在自然灾害发生的时候一无所知。

其次就是要加强信息的处理。班主任应将收集到的关于自然灾害的信息及时向学校领导汇报，然后根据这些信息和当地人民政府及教育主管部门提出的关于预防自然灾害的应对措施，采取一些相应的预防措施。班主任应加强对信息的处理，有针对性地防范和应对突发的自然灾害，全力保障师生安全。

(三)加强安全管理，及时排除隐患

未雨绸缪的目的是防患于未然，防范校园突发事件，也要排查学校是否存在安全隐患，如果有隐患就应及时加以整改，排除隐患。班主任应督促学校加强安全管理，开展校园安全检查和巡查工作，排查一些不安全因素和隐患，在自然灾害来临之前做好充分的准备工作。尤其要加强对教学楼、食堂以及学生宿舍的检查，争取提高学校的防

灾抗灾能力,切实保障学生的生命财产安全。

排查安全隐患,是为了消除安全隐患,将自然灾害所带来的恶劣影响降到最低。而要想消除安全隐患,必须进行整改。班主任应加强安全管理,既要重视安全隐患的排查,更要重视安全隐患的整改,减少自然灾害来临时那些不必要的伤亡。

(四)制订应急预案,落实责任

自然灾害的发生是不可避免的,也是预防不了的。而应急预案是人们针对可能发生的突发灾害而预先制订的一种计划或方案,它可以保证人们在灾害发生时能够迅速采取有效的行动,减少突发事件带来的损失。因此,班主任可以根据已经发生的自然灾害以及本地区可能会发生的自然灾害的特点,制订应急预案,做到有备无患。制订好安全预案,可以帮助班级的安全预防工作在有效的时间和范围内得以顺利地开展和进行。同时,预案还应做到分工具体,责任明确,使学生们明确知道自己在灾害发生的时候应该做什么,从而避免不必要的损失。

预案的编制,首先必须要立足校情。班主任应立足于现实,针对本地区自然灾害的特点及对学校可能造成的危害,具体规定自然灾害发生时的应急管理工作,重点是保障师生的生命安全,使预案具有针对性。

编制应急预案,还要科学、合理。一个完整的应急预案只有做到了科学、合理,才能有效地配置应急处置的资源,班主任才能有力、有序地开展应急工作,形成应急处理的合力。

最后,应急预案要具有可操作性。如果一份应急预案,不具有可操作性,那么它就一无是处,更会给学生带来极其严重的影响。因此,

班主任在制订应急预案时，要从学校实际情况出发，职责分工要明确，并且要有具体的应急措施，这样才能制订出一个切实可行的自然灾害应急预案。应急预案只有具有了针对性和可操作性，才能发挥它的真正作用。

应急预案制订了以后，班主任还要及时进行评估，以便适时改进应对策略，更好地加强应急管理，再通过实际的演练，不断完善应急预案，使应急预案发挥最大最实际的作用。

（五）开展应急演练，增强自救能力

无数的实践证明，开展应急演练是提高预防自然灾害应急能力的一个有效途径。"演习是最好的学习。"安全工作预防重在实践，我们的预防工作不仅仅是要排除一切不利于安全的隐患，还要学会如何应对自然灾害可能造成的损害。因此，平时的演习是我们应对自然灾害最有效的方法。通过演习操练可以提高师生应对自然灾害的能力，培养他们掌握在自然灾害发生时如何进行自救和自护的生存技能，尽可能地将损害降低到最低。

更为重要的是，在实践中，班主任千万不能将预案束之高阁，而是要通过培训和预案演练使中学生熟练掌握预案，并且在实践中不断完善预案。班主任应联合学校，坚持开展多种类型的应急演练，做到突出重点，注重实效，切实增强教师和学生的自救与互救能力。

首先要针对本地区可能发生的自然灾害组织演练，加强对学生的危机教育，增强安全防范意识，进一步排查各种安全隐患，不断修正和完善应急预案。

其次要通过演练发现问题。应急预案在实际操作中必然会产生一

些问题,并且通过问题的不断解决,预案才会更加符合实际。因此,班主任对待演练一定要认真,不能马虎,在演练时要尽可能地发现问题,并且要及时纠正这些问题,使应急预案能够行得通。

最后是演练活动一定要定期开展。演练活动包括很多方面,班主任既可以组织开展疏散演练,通过演练让学生掌握正确的逃生方法,提高逃生速度,也可以组织开展自救互救演练,使学生熟练掌握自救与互救知识,提高他们在紧急情况下的自救互救能力。演练的目的是为了使学生掌握真正的逃生能力和自救能力,确保他们在遇到自然灾害时能够顺利、安全逃生。

第三节 校园突发自然灾害的紧急处置

自然灾害,通常是以自然变异为主因的自然灾害,受现阶段科学技术水平限制,人类对大自然自发变异所带来的灾害的准确测定、预防能力还微乎其微,但人类可以通过自身努力,将自然灾害影响降至最低。

校园自然灾害,作为自然灾害发生地点的一部分,由于自身特定原因,它有着发生区域相对封闭、受灾人员密集、受灾人员年龄普遍偏低、受灾后果严重等特点,这就更加要求校园突发自然灾害在处置上要特别注意要迅速、有序、有效等。

一、校园突发自然灾害的紧急处置原则

(一)遵照应急预案原则

突发自然灾害的难准确预测、预防和校园突发自然灾害的特点，都要求我们必须在灾害来临前，根据以往灾害应对经验，拟定出科学的、切合本校园实际的突发自然灾害紧急处置应急预案，并在灾害发生时立即启动。各部门、各负责人各司其职，力争将灾害损失，尤其是人员的损失降至最低。

(二)迅速反应、科学行动原则

突发灾害的发生，往往伴随迅速、势强、摧毁力大等特点，这就要求学校从领导到职工，从老师到学生，保持冷静，迅速反应，科学行动，在确保自身安全的同时，协助其他人一起脱离危险、抢险救灾。

(三)全体动员原则

学校的全体成员是一个整体，自然灾害一旦发生，全体成员都应行动起来，发挥集体最大力量，抢险救灾。其中师生自救及互救尤为突出。在汶川大地震中，不仅有无数的教师舍生忘死抢救学生，还有大量的学生参与自救与互救，谱写了一曲曲全校师生共同抗灾的动人赞歌。

(四)灾后总结原则

应对自然灾害的直接经验主要来源于灾害本身，所以，要更好地应对灾害，灾后总结尤为重要。灾后总结的作用有：1. 对自然灾害有更深刻的认识，是更有效地应对它的基础；2. 对应对自然灾害的方式方法有更明确的认识，修正灾害应急预案，使之更有效地指导未来的灾害应对及相似灾害应对；3. 对救灾抢险过程中出现的有功人员要表扬、奖励；有过、有错人员要批评、处理，在校园乃至社会都营造出"灾难不可怕，合力抗灾就能取胜"的风气和氛围，为今后的抢险救灾打下坚实的心理基础。

二、校园突发自然灾害的处置方法

突发自然灾害种类很多，与校园突发自然灾害关系密切的大致有如下几类：地震、自然火灾、暴雨雷电（水灾）、滑坡、泥石流、传染病疫情等。上述类别按处置方法不同，大致可分为两类：一类是地震、自然火灾、暴雨雷电（水灾）、滑坡、泥石流等；另一类是传染病疫情等。

校园突发自然灾害的处置，尽管灾害种类不同，但都需要学校全体教职员工的共同合作和努力，还需要省市领导的指挥，医疗、消防、城防、军队等部门的协助，所以，自然灾害的处置需要各方面的共同合作与配合，才能达到良好的处置效果。

（一）校园突发自然灾害发生时的处置方法

1. 地震、自然火灾、暴雨雷电（水灾）、滑坡、泥石流等自然灾害发生时的处置方法

（1）积极进行自救

这里的"自救"不是无头苍蝇式的"大难临头各自飞"，而是有序的校园内部的集体行为。校园是人员密集型场所，突发自然灾害发生时，最好的自救方式就是听从指挥、有序疏散到学校操场等室外空旷无遮碍场地，并尽量做好保温保暖工作。有效的自救得益于平时有效的疏散演习，这也是生命救助的重要保证。

具体的自救方式还有：如遭遇雷电时不要倚靠在建筑物的外墙、

153

柱上，不要靠近、触摸金属水管、金属门窗或其他带电设备；如遭遇地震时室内人员应迅速抓个垫子之类的东西保护头部，选择讲台、课桌下闭上眼睛，并用毛巾或衣物捂住口鼻隔挡灰尘，地震停止后，立即快速离开教室；当身体受到地震伤害时设法清除压在身上的物体，尽可能用湿毛巾等捂住口鼻防尘、防烟，设法用砖石等支撑上方不稳的重物，保护自己的生存空间。如遭遇火灾，不要走电梯、跳楼而走楼梯，尽可能用湿毛巾等捂住口鼻防尘、防烟，低头接近地面前行等。

自救还包括校园内部的自助互救，主要体现为师生互救和学生之间的互救。这种自救也要以确保自身安全为前提。

(2) 申请援助，及时汇报灾情

确保自身安全后，要运用一切通信工具，申请援助，如医疗（救治伤患）、消防（灭火、解救高层受困人员等）、城防（搭建临时帐篷、运送临时生活用品等）、军队（搜救受困人员）等。

确保自身安全后，学校教师要运用一切通信工具与外界取得联系，确保学生与家长取得联系；学校领导要及时将本校情况向上级领导汇报；学校对外发言人必要时候还要召开新闻发布会，及时、如实汇报学校救灾抢险情况，及时辟谣、安定舆论。"汇报内容主要包括：灾情种类、发生时间、程度、师生伤亡情况、房屋倒塌损毁情况、供水供电供暖供气设备损坏情况、学校已经采取的抗灾措施、学校救灾工作面临的困难、需要上报教育主管部门帮助解决的问题等。"

(3) 积极配合救援

一方面，相关机构要全力协助受灾学校进行灾害救援，如恢复通信、救治伤患、灭火、搜救受困人员等等，确保人员伤亡数量降至最低。具体措施和注意事项,如应循着呼喊、呻吟和敲击器物的声音判定被困人员准确的位置;施救时不可使用铁锹、锄头、十字镐等利器刨挖,以免被困人员受伤;发现幸存者但解救困难时,应先输送新鲜空气、水和食物,然后由专业救援人员来施救。

另一方面,学校师生也要积极配合援助人员,因为学校师生对学校构造、环境最为了解,有师生的协助,更有助于援助人员第一时间搜救受困师生。

还有,受困师生也要在自救的同时,积极配合救援。如地震受困时,用石块或铁器等硬物敲击物体向外界传递本人受伤地点,不要大声呼救,以保存体力。

2. 传染病疫情等自然灾害发生时的处置方法

(1) 做好隔离、消毒工作

校园中一旦发现传染病疫情(疑似)病例,要及时将病人送入医院,接受治疗。严密查找传染源,并及时阻断。同时及时联系病人家长,并对其家长和校园接触频繁者进行隔离、消毒和疫情排查、监控。

(2) 积极普及疾病防治常识

学校应积极与医疗卫生机构合作,积极普及、宣传传染病疫情防治常识知识,如疫情发病症状、传播途径、治愈方式、预防办法、个人卫生等,方便师生自助、自查、自治,稳定师生情绪,安定校园舆论。并与医疗机构保持密切联系,及时了解疫情防治(治疗药物研制)的最新进展,树立师生战胜病魔的信心。

(3) 及时如实汇报疫情进展情况

学校领导和发言人及时向上级领导和公众如实汇报校园疫情

155

进展情况,内容包括:疫情种类、发生时间、程度、师生病例人数、治愈人数、死亡人数、学校已经采取的控制疫情措施、疫情控制程度、学校疫情控制工作面临的困难、需要上报帮助解决的问题等。以上内容确保真实、及时由正规渠道传播,必要时候要第一时间辟谣。

(4) 实时监控疫情发展

①建立健全规章制度。按照《中华人民共和国传染病防治法》《学校卫生工作条例》等法律法规的要求,学校要建立起一套完善、科学、规范的传染病预防控制管理机制与制度。学校应建立的制度主要包括:传染病疫情报告制度、学生晨检制度、师生定期体检制度、教学场所通风与重要场所定期消毒制度、课堂宿舍公共场所卫生清扫制度、个人卫生清洁制度、食品卫生安全制度、食堂从业人员上岗培训制度、学校突发公共卫生事件报告制度、体育活动卫生制度、学生健康档案管理制度等。并将上述制度予以实践,做到有记录、有检查、有负责。

②保护易感人群:易感人群是传染病疫情的易发人群,但如果方式得当,这些人群能够得到有效的保护,免受疫情伤害。注射疫苗就是保护易感人群的最好方法。比如注射乙肝疫苗后,身体就有抵抗乙肝侵袭的免疫力,可以有效防止乙肝的感染和传播。

(5) 定时探望病患

学校内发现的疫情(疑似)病例,送往医院接受救治后,学校要定期派代表(可不固定人员)前往看望(看望人员遵守医生指导,进行相关防护),了解病患的病情救治进展情况、出院时间,鼓励其与病魔斗争的勇气与信心，传播外界信息等，彰显人文关怀。病患经医院诊断排除传染病后，才能回校上课、上班。

（二）校园突发自然灾害发生后的处置方法

1. 地震、自然火灾、暴雨雷电（水灾）、滑坡、泥石流等自然灾害发生后的处置方法

（1）灾后心理援助

校园突发自然灾害过后，师生的身体可能已经从灾害中逃离，但心理上可能还沉浸在灾害的阴影当中。有研究表明，重大灾害后精神障碍的发生率为10%~20%，一般性心理应激障碍更为普遍。汶川大地震后，心理援助专家认为，地震灾难幸存者和目击者，尤其是儿童、青少年心理都会受到很大影响，对他们进行心理援助和干预刻不容缓。北京大学精神卫生研究所所长于欣说，在这些人当中，有15%~20%的人至少需要进行心理辅导一次，5%的人需要长期进行心理治疗。对因灾造成的学生心理问题，学校领导必须高度重视，安排专兼职心理教师进行心理辅导，使之尽快恢复心理健康。

（2）灾后总结

校园突发自然灾害过后，我们沉浸在灾后生还的喜悦心情中，积极重建校园的同时，一定要对本次灾害进行总结。这种总结主要包括：对类似灾害应急预案的修订；类似灾害应对时的经验教训及改进方法；对灾害过程中师生的表现进行总结，奖励先进，以鼓励类似行为，树立全校师生度过灾害的信心，惩罚后进，以减少类似行为。

（3）灾后防疫

常言道："大灾之后必有大疫"，地震、自然火灾、暴雨雷电（水

157

灾）、滑坡、泥石流等自然灾害发生后，由于空气中弥漫粉尘、泥沙颗粒等，受灾师生的临时生活区域人口密集、卫生条件相对较差等原因，很容易发生疫情。这些疫情如果得不到有效预防，其危害将不亚于上述自然变异引起的灾害带来的危害。所以，灾后还要注意疫情的防治，措施主要有：人畜隔离、粪便及时处理、尸体及时焚烧、掩埋、生活用品尽量消毒、受灾校园及时定时消毒等等。

2. 传染病疫情等自然灾害发生后的处置方法

(1) 灾后心理援助

传染病疫情过后，师生身体上的病痛可能已经治愈，但心理上的伤痛未必能够同时治愈，这就要求学校领导、教师注意灾后师生的心理状况，及时发现由传染病疫情引起的心理障碍，并及时进行干预，使师生身心都能从传染病疫情中走出来。

(2) 灾后总结

传染病疫情的灾后总结，与"地震、自然火灾、暴雨雷电（水灾）、滑坡、泥石流等自然灾害"的灾后总结相似，在此不再赘述。

(3) 积极防止灾情复发

传染病疫情虽和地震、自然火灾、暴雨雷电（水灾）、滑坡、泥石流等同属于自然灾害，但由于传染病疫情传染源的特点，在疫情得到消灭后还是有复发的可能。为使传染病疫情得到彻底地治理，在传染病疫情得到有效控制并消灭后，还要注意有效防止灾情的复发。方法主要有：提高防病意识、切断传染源（如禽流感传染源在于家禽，切断传染源就要确保染病家禽或带病毒家禽得到有效处理等）、注意隔离、消毒（如因传染病致死病患的尸体要及时焚烧、掩埋；定期、定时对校园,尤其是传染病病患活动过的地方进行有效的消毒)、注意疫区人员个人卫生(如不接触带病患者、勤洗手洗澡、勤换衣、注意饮食卫生等)等。

【案例】

黑龙江省宁安市沙兰镇中心小学泥石流事故

2005年6月10日下午2时30分左右,黑龙江省宁安市沙兰镇沙兰河上游山区突降暴雨,瞬间形成洪峰,引发泥石流,最高洪峰水位达2米左右,淹没了沙兰镇中心小学。当时有351名学生正在沙兰镇中心小学上课,学校发现来水时,立即组织学生到高处躲险。因洪水太猛太大,一、二年级年龄较小的23名学生当场被淹致死,2名学生失踪,17名学生受伤。有4名学生在医院因伤势过重抢救无效死亡。

事故发生后,中共宁安市委政府领导与当地森警、武警官兵和公安干警立即前往现场抢救。正在牡丹江市检查工作的省委书记宋法棠,副书记栗战书、刘东辉,副省长申立国等立即赶往现场指挥组织抢救工作,在哈尔滨的省长张左已接报后立即做出施救指示。宋法棠书记还到医院看望了13名受伤学生,并指示院方全力抢救。牡丹江市县两级共组织了1400人参加抢险救灾工作,其中部队官兵1000人,机关干部400人。哈医大一院派出了17名专家赶赴牡丹江、宁安参加抢救工作。

截至12日晚上6时许,黑龙江宁安洪灾死亡人数为92名,其中,学生88名。

据黑龙江省水文局局长董淑华透露,此次洪灾是短时间、局部、突发

159

性强降雨造成的典型的泥石流山洪。洪灾发生前，沙兰河上游在40分钟内，降雨量达到150~200毫米，属200年一遇的强降雨。在目前条件下，这种情况造成的山洪无法预知。沙兰镇过去叫沙兰坑，镇子本身就地处低洼，学校又建在镇里的偏低处。沙兰河上游强降雨造成沙兰河水出槽，短时间形成高水头，冲入校园，从而酿成灾害。

针对这起事故，有关部门加强了对受灾地区上游地段和水库及降雨量的监控。黑龙江省政府11日上午下发了紧急通知，要求各地、各部门要高度重视，认真排查、消除各种安全隐患，坚决杜绝影响中小学生及人民群众生命和财产安全的事件发生。

事后，教育部党组立即要求部内有关司局迅速了解情况，协助工作；要求黑龙江省教育厅积极配合有关部门做好死亡学生善后处理、受伤学生就医及家长安抚工作，确保师生安全。同时，委派教育部副部长陈小娅率有关司局负责人赶赴黑龙江，看望慰问遇难学生家属和受伤学生，协助当地政府做好善后工作。在各方的关心与支持下，沙兰镇很快完成了恢复重建，死亡学生和村民得到了妥善处理，受伤人员得到了及时医治。国家对损失的财务给予了相应补偿，人们情绪稳定，社会秩序正常。

【点评】

从黑龙江省宁安市沙兰镇中心小学泥石流事故案例看出，在面对肆虐狂暴的洪水及其引发的泥石流面前，人类是渺小的——可以瞬间被其吞噬，沙兰镇中心小学"一、二年级年龄较小的23名学生当场被淹致死"。但是，我们从案例中也看到了人类在面对如此强大的自然敌人的时候没有退缩、气馁，而是团结一致，多方积极配合：迅速查明灾害原因、指挥正确、积极组织营救、全力以赴救治伤员、妥善做好灾后重建工作等等，虽然损失不可避免，但是已被人为降至最低。经过这场灾难，沙兰镇人生活没有太多动荡，社会依然安定，生活仍然继续，灾后生活和学习秩序得到有力保障。

（本章撰稿人：潘鹤、邵慧、宋咏雪）

第八章　班级其他突发事件的应对

第一节　春游、秋游意外事故

春季郊野，万物复苏，秋季天高气爽，万里无云，无论是春季还是秋季，都是各有风韵。两者都可以使人心情愉悦，心胸开阔，消除疲劳，促进细胞的新陈代谢，改善血液循环，加强心脏和肺的功能。同时，适当的出游活动可以加深同学之间的了解，开拓学生的视野，增长学生的见识，锻炼学生的能力。学校组织春游、秋游都是从促进学生发展的角度出发，促进学生身心健康发展。但是在春游、秋游中，很多突发事件都是难以避免的，这种突发事件的发生为出游蒙上了一层阴影，意外事故的发生考验了班主任对突发事件应对的能力与心理素质。为了使春游、秋游能顺利地展开，安全教育是必不可少的。

一、春游、秋游事故的构成

春游、秋游事故包括一些自然灾害的发生、交通事故、动物袭击、迷路走失、对花草过敏、高处坠落、身体突发疾病、溺水等。

我国是世界上自然灾害种类最多的国家，国家科委、计委、经贸委自然灾害综合研究组将自然灾害分为七大类：气象灾害、海洋灾害、洪水灾害、地质灾害、地震灾害、农作物生物灾害、森林生物灾害和森林火灾。其中，对春游、秋游造成严重影响的有地震灾害和地质灾害，包括地震、滑坡、泥石流。要想避免自然灾害对人身的伤害，最有效的方法就是避开自然灾害多发地带，尽量前往安全的地方出游。

在出游中，交通事故也是时有发生，人车相撞和车车相撞是交通事故的两种基本形式。普及学生的安全常识，尽量避开车辆集中的路段。

当出游的地点选择的是深山森林，动物袭击、对花草过敏、迷路走失以及高处坠落是出游的主要安全事故。而出游的地点是海边或者河流附近时，班主任要提高学生的安全意识，防止溺水情况的发生。当出游的地点天气条件和地理条件都十分恶劣，学生中难免会出现身体严重不适的情况，比如中暑、缺氧等。班主任要密切关注学生的身体健康，当学生出现身体不适的情况，及时给予治疗。

二、春游秋游事故的预防

在春游秋游中，很多安全隐患是可以通过周密的安排和充足的准备加以预防的，当然这种全方面的预防需从学校、班主任、学生三个方面进行详细地开展。学校有纪律地组织、班主任有效地开展、学生积极地配合，这三个方面是安全出游的必要前提。

以下是某学校出游具体的预防工作，我们可以从中加以借鉴：

（一）召开校务会，成立领导小组，领导小组成员实地考察，仔细研究出游地点的安全条件，研究线路安排，布置有关活动安排，为安全出游提前做好准备。

（二）召开师生大会，提供事故应急的案例，明确事故处理的方案，提高班主任对事故处理的能力，对学生进行安全教育，普及安全知识，提高学生的安全意识。

（三）召开教师会，明确活动分工和具体工作要求，每位参与出游的教师都要配备通讯工具，保持与外界的联系，以防出现安全问题。每个班级的班主任适当预备一些常用药品，如云南白药、黄连素、红药水、腹泻药和消炎药等。

（四）班主任要随身携带学生的花名册和联系方式，在出游前对学生进行安全教育，让学生遵守纪律，与学生提前沟通交流，形成自我保护意识。

（五）学生要准备好出游的基本用品，如干粮和饮用水，根据出游的地点准备合适的衣服和鞋子。服从学校的组织和班主任的安排，不可以单独行动，出现问题要及时上报班主任，班主任根据上报的情况及时给予处理，并且上报给学校的领导，争取得到更有效的帮助。

（六）班主任要履行自己的职责，在出游前对学生进行安全教育，教育学生在出游途中不得打闹，乘坐交通工具时要遵守秩序，不拥挤不打闹，严格遵守学校的规章制度。同学之间要互相帮助，在游玩中，不要随意破坏花草树木，要学会保护大自然。班主任要教育学生不要乱吃野果，以免发生中毒现象。在游玩中，班主任就是扮演好游玩监督人的形象，履行好自己的职责，保护好学生的安全。

（七）出游结束后，班主任在返回途中注意清点人数，在保证出游质量好的同时保证全班同学安全返回。游玩结束，班主任要组织学生对出游情况进行总结，同学之间互相讨论，交流出游心得，这样可以方便下一次出游的展开。同时，这也有利于班主任从中了解学生的想法，加深了师生之间的情感。

三、应对春游、秋游意外事故的具体措施

学校组织春游、秋游，是本着从学生身心健康发展的需要出发，通过春游、秋游缓解学生在紧张状态下学习的压力，提高学生学习的效率和积极性，培养学生的集体主义和互帮互助的精神，在集体活动中可以加深同学之间和师生之间的情感，增进之间的了解。

（一）实地考察，制订安全的线路和详尽的安全预案

学生是春游秋游的主体，为保障学生出游的安全，出游前，学校要派领导小组前往出游地点进行全方面的实地考察，在保障学生出游质量的同时，从学生的安全出发综合考察各种客观因素是否对学生的出游构成不利的影响。在实地考察之后，学校领导要制订安全的出游线路，避开危险地带，避免超载情况，注意出行的交通安全。详尽的安全预案是安全出游必不可少的，学校要针对可能发生的安全事故制订详尽的安全预案，确保师生的安全。在这份安全预案中，既要明确领导、班主任和医护人员的安全责任，又要设计好对安全事故的应对策略。

（二）加强安全教育，普及安全知识

如何让春游、秋游成为每个人心中美好的回忆，如何让每个人安全返回，一是要加强对班主任的安全教育，提高班主任应对突发事件的能力和对安全事故的警觉意识。二是班主任通过班会或者是德育课在班集体中开展安全教育，普及安全知识，提高学生在事故中自救

和互救的能力。在这两个方面中，学校扮演了重要的角色，学校要通过各种安全讲座或者安全教育课对全校师生进行安全教育，使安全知识更加普及。

（三）选择恰当的出游地点

学校组织的春游、秋游活动要选择适宜的游玩景点，这也是充分考虑了学生的安全。考虑到出游对学生的教育意义，在选择出游地点的时候既要考虑安全因素，又要考虑到游玩地点的人文因素，充分采取"就近、安全"的原则，选择有教育意义的游玩地点，让学生在领略自然风光的同时感受社会的人文美。选好出游地点后，为确保安全，学校要前往出游地点进行踩点，查看路线，了解具体情况，避免前往人群集中和有安全隐患的地方。

（四）与家长协商，做好出游的准备

学生的出游不仅要得到相关的教育部门的批准，而且要得到家长的支持。在出游前，老师要与家长协商沟通，让家长予以配合，督促学生做好出游的安全准备。在与家长沟通后，家长会履行自己做父母的责任，对孩子进行安全上的嘱咐，加强孩子对安全的重视。孩子出游前的基本用品是由家长负责，家长要为孩子的出游做好充分的准备。

（五）选择正规的、声誉好的旅行社

学校在选择旅行社时要注重其服务等级资质，看"三证一险"，包括旅行社经营许可证、营业执照、税务登记证和旅行社责任保险。要选择信誉好的旅行社，特别是口碑好的旅行社，在出游的时候跟旅游社签订出游合同。选择正规的旅行社可以提高出游的安全系数，很多旅行社为了自身的利润，为减少成本降低安全标准，如提供有安全隐

患的车辆、提供没有卫生保障的餐馆、调配没有驾照或者没有责任心的司机等。在这个方面，学校应该注意出行的安全系数，选择正规的让人放心的旅行社。

四、在春游、秋游中，对典型安全事故的应对

(一)心灵指导

自然灾害的发生不是人为可以左右的，很多时候都是猝不及防的。在组织春游、秋游前，班主任要设计安全合理的出游路线，避开自然灾害多发地带，做好相应的应对措施和安全准备。自然灾害发生时，为避免学生在灾害发生时的不知所措或者无所作为，班主任要组织学生躲避灾害对自身的伤害，指挥学生如何逃生，减少或避免灾害对学生的身体伤害。灾害发生后，班主任要组织学生展开自救和互助，在集体中体现互帮互助的精神，班主任要发挥灵魂性指导作用，对学生进行心灵辅导，给予学生心灵上的慰藉，以免留下心灵的创伤。

(二)预防溺水

当游玩的地点有河水或者湖泊时，学生会出于好奇或者在同学面前炫耀而前往游泳，其实这是很危险的。在很多春游或者秋游中均出现过溺水事件，学生遇到了生命威胁，无疑是对家长和学校的最大打击。为了防止这种情况的发生，学校、班主任和学生都要做好相应的安全准备。

首先是学校，各学校应组织开展一些以"预防溺水事故"为主题的安全教育活动，提高每个学生的防溺水意识和自护自救的能力，使这种安全意识深入人心。学校要加强安全管理，严格要求学生不能在

167

无老师或者无家长监督的情况下游泳,不能结伴游泳,注意不要在无安全措施的危险区域游泳,学生要严格遵守学校的管理,不得出现违背现象。在现实情况允许的情况下,学校可以将游泳列为体育课教学,让学生学会正确游泳,在学习游泳的过程中,体育老师可以教学生如何在溺水中自救或者救助他人,这样在很大程度上可以防止溺水情况的发生。另外,学校要通过家长会等方式加强与家长的沟通交流,增强家长的安全意识和监护人的责任意识,让家长在与孩子交流中,对孩子进行安全上的教育。

其次,班主任要履行好自己的责任,在班会上要经常开展防溺方面的安全教育,通过具体的案例来教育学生,增强学生的安全意识,这样在出游的时候,学生就不会那么疏忽大意。在出游时,班主任要监督学生,提醒学生注意安全,不得让学生游泳或者在河水中打闹,以防出现溺水现象,班主任要采取各种措施保证学生安全,保证学生高高兴兴出游,平平安安回家。

最后,学校要加强安全教育,班主任要开展具体的安全教育,学生要在学校和班主任的引导下,提高安全意识,严格遵守学校纪律。在外出游玩时,要听从老师的指导,不得擅自行动,也不能与同学在河流中打闹,注意自身的生命安全。

(三)预防中毒

如果春游、秋游选择的是野外环境,在这种环境下可以经常看到一些色彩诱人的野果,学生可能会好奇地去采摘并且食用,这是很危险的做法。班主任要密切注意学生的行动,提醒学生切勿采摘路边的野果,以防出现中毒现象。万一学生误食了有毒的野果,在有条件的情况下，班主任可以进行催吐，但是最好还是尽快送医院。一旦中毒，儿童的情况比成人要复杂得多，不同年龄的孩子，身体脏器的功能以及中毒反应都是不同的。同样的问题，发生在不同年龄的孩子身上，医生处理起来会不一样。同年龄的孩子，发生不同问题的处理方式也是不同的。所以班主任在没有什么医学常识的情况下还是尽快把学生送往医院救治。

【案例】

2009年10月，北京市通州区某小学组织学生集体外出秋游，在秋游过程中，一名小学生突然发病，症状表现为四肢抽搐、昏迷。班主任发现后吓得不知所措，得到学生通知后，学校带队领导立即打车将该学生送往医院治疗，医院诊断为癫痫疾病发作。家长在接到学校通知到达医院后，并不承认自己的孩子有癫痫病，但是面对医生的诊断结果，最后不得不低头承认。原来家长担心将孩子的情况告知学校后会影响孩子在学校的学习和生活，因而隐瞒了学生的癫痫疾病病史。最后经过几个小时的观察后，没有发现孩子的其他问题，学生家长也主动承担了孩子的医疗费用，学校和教师都虚惊一场，但一次本来很有意义的学生秋游活动效果也大打折扣，以致学校以后不敢再轻易安排学生春游和秋游。虽然这次意外没有给学生和学校造成任何伤害，学校对事故的处理也很到位，但是结合《学生伤害事故处理办法》的相关规定，案例给教育主管部门、学校和教师敲响了警钟，带来了很多启示。

【点评】

虽然本案例仅仅是个小案例，但反映出的很多问题需要引起学校的重

视，至少对学校管理层和教师在预防和处理学生伤害事故时有以下启示。

（一）学校应建立学生入学体检制度和学生伤害事故救护预案机制

案例中学生秋游时突发癫痫疾病，虽然没有引发严重事故，学校也不必承担任何责任，但是如果学生是在秋游时因追逐或者与同学打闹等其他原因而引发了癫痫病，那么学校就负有不可推卸的责任。一般学生自身体质都存在缺陷，甚至可能存在特异体质、特定疾病，一旦诱因出现就可能导致学生疾病的发作，引发学生伤害事故，给学校预防和处理学生伤害事故带来困扰。当然，家长会出于各种考虑不愿意把学生的病情告诉学校或者老师，这就给突发疾病的预防埋下了隐患。学校在这方面应该加以重视，在学生入学前进行体检，会给今后的学校管理提供了方便，这样也可以预防或者减少学生意外事故的发生。

在这次秋游中，我们可以看出，学校并没有建立学生伤害事故预案机制，在出游途中，并没有校医随行，如果有校医随行，那么出现此情况时校医对癫痫病就能很快做出决定。当学生出现突发疾病时，学校要及时给予救助，如果学校发现有突发疾病但未根据实际情况及时采取相应措施时，假如出现不良情况，学校应该承担责任。

（二）班主任应该学习基本的救护知识

在前面的案例中，我们发现，班主任在遇到突发事故时表现得不知所措，显示了班主任对基本医疗知识和生活常识的缺乏。因为癫痫症的症状是非常明显的，具有一般医疗常识的人都可以辨识。因此班主任作为一个班级的管理者，应该加强基本医疗知识的学习，另外还要学习一些基本的救护知识，这样才能在学生出现突发疾病时能从容应对。另外，班主任作为教师，是班级的主心骨，应该具备最起码的应对突发事件的心理素质，当班主任都出现不知所措的情况，班级的秩序会更加混乱，难以管理。

（三）家长有告知学校学生存在特异体质、特定疾病的义务

在本案例中，学生家长未告知自己的孩子有癫痫病的病史，导致其在秋游中突发癫痫病，影响了学校的秋游的质量以及今后秋游活动的展开。由此启示，家长有告知学生有特异体质、特定疾病的义务，学校应提前向家长说明。

为保证春游、秋游的顺利开展，学校要做好相应的预案准备，班主任在春游、秋游中要管理好学生，保证春游、秋游的质量。

第二节　意外伤害

一、意外伤害的含义

意外伤害是指因意外导致身体受到伤害的事件。意外伤害是指外来的、突发的、非本意的、非疾病的使身体受到伤害的客观事件。意外伤害包括三个因素：非本意的、外来原因造成的、突然发生的。非本意的即预料到的和非故意的事故，外来原因造成的指身体外部原因造成的事故，如食物中毒、失足落水，突然发生的是指意外伤害在极短时间内发生，来不及预防，如被汽车突然撞倒。

171

校园意外伤害包括：打架受伤、交通事故、火灾、食物中毒、摔跤磕碰、踩踏事件等。

二、校园安全现状

学生是社会上的弱势群体，校园是学生健康成长的保护伞，为了保证学生身心健康成长，学校、教师要履行好自己的责任，为学生提供安全的学习环境。近年来，学校安全事故特别是重大安全事故的频频发生，校园安全已成为全社会关注的"焦点"。儿童少年意外事故给家庭和社会造成的损失是巨大的，中小学生意外伤害已被许多学者视之为当今最严重的社会、经济、医疗和公共卫生问题之一。在我国独生子女的家庭模式中，失去一个孩子或儿童终身残疾给父母带来的心理打击更是难以估计。近年来发生的多起重大校园意外伤害事故，给人们再次敲响了警钟，必须注重学校伤害事故预防体系和快速抢救机制的构建与实施的研究，有效防范学生意外伤害。

三、校园意外伤害的原因分析

(一)特殊成长期

青少年学生正处在一个特殊成长时期，心理与生理上发生巨大变化，生理发育速度前移与心理成熟滞后造成明显的落差，加之阅历相对简单，社会经验不够丰富，鉴别是非的能力比较弱，比较容易受到自然灾害、意外事故和社会不良行为的伤害。在校园中，学生正处青春叛逆期，精力旺盛，比较好动，在这个时候他们不会严格遵守学校的纪律，同学之间会出现或多或少的矛盾。由于青春期的思维特征，出现矛盾，学生容易用暴力解决，所以在校园里，特别是中学校园里，经常可以看到打架斗殴的现象，无论是哪方胜出，都会造成身体上的伤害。

（二）机制不完善

学校没有建立完善的意外伤害事故处理体系和快速抢救的机制。部分学校存在安全隐患，比如教学楼不够坚固或者出现裂缝等，对学生的管理不善，没有建立严格的纪律体系，对学生管理太过松懈，造成学生没有形成遵守纪律的习惯，总是为所欲为。随着经济的发展，教师生活水平提高，在校园中经常可以看到老师开车上班，这对学生的安全造成威胁。还有学校对校园防火意识措施做得不到位，这就需要加强对学校火灾的预防，做好相应的灭火准备，完善灭火设施。

（三）缺乏事故处理经验

班主任缺乏一定的事故处理经验，应对突发事件的能力比较差，自我预防、保护和救护能力也有待提高，安全意识也没有得到提高。班主任在教学过程中要学会与学生沟通，在沟通的过程中教授一些安全知识，前提是班主任自身也要有一定的安全知识，班主任要注意方法的灵活性，使学生能主动接受，不能强迫灌输。

四、校园意外伤害的预防措施：

（一）建立校园伤害事故预防机制

成立学校安全领导工作小组。安全工作领导小组由校长亲自担任组长，从学生的安全出发，狠抓校园内外的安全工作。制订校园安全工作规章制度，定期或者不定期地检查学校的安全，检查制度落实和执行情况，防止部分教师或者领导偷懒。学校要加强教学安全设施安全

隐患的排查,为学生和教师建立意外伤害保险,建立学校责任保险制度,在事故发生时,学校要反应及时,对事故给予快速处理。

学校要加强对班主任和学生的安全教育,让班主任和学生形成最起码的安全意识,在事故发生时,有一定的反应和处理的能力。特别是对班主任的教育,这项教育比较重大,因为班主任是班级的主心骨,班主任处理事故的能力直接影响了整个事故处理的质量。在事故中,班主任要第一时间出现在事故现场,对意外伤害给予最及时的处理,安抚学生的心灵。当事故涉及班主任和学生时,班主任要带领学生进行自救和互救,班主任要充分利用自己已学的知识,把伤害降低到最低。

(二)班主任教学教育两不误

班主任在教学过程中,注意使用正确的教学方法,尊重学生的人格,自古严师出高徒,但是在新时代的今天,体罚或者变相体罚都是行不通的,因为在现代家庭,多数学生都是独生子女,在家娇生惯养,心理承受能力极低,稍有不慎,轻者哭闹,重者与老师发生顶撞,然后离校出走。再甚者,会出现轻生的现象。这就要求班主任在教学过程中既要耐心,又要注意教学的方式方法,尤其是心理较为脆弱的学生更要注意。班主任在教学中,要充分利用已学的心理知识,对学生进行心理上的疏导,多与学生进行心灵上的沟通,让学生反馈生活和学习上遇到的问题,并帮助学生加以解决,防止学生出现一根筋的情况。在教学中,利用情感类的文章对学生进行情感教育,对学生晓之以理,动之以情。

班主任要注意加强对学生的安全教育,充分利用每次与学生沟通交流的机会,对学生进行安全教育,使学生形成安全意识,提高学生自我保护、自我互救的能力，意外来时，学生能自主地救助同学。加强学生的思想教育，中学生还没有形成自己的人生观和价值观，做事较冲动，班主任要针对学生的这种情况，对学生进行思想教育，使学生形成正确的人生观和价值观，引导学生在日常的生活和学习中理性思考，以此预防班级突发事件的发生。班主任要加强对学生的法制教育，通过学生乐于接受的方式对学生进行法制教育，使学生认识到参与打架斗殴等意外事件的严重后果，提高学生的法律意识，防止校园打架斗殴事件的发生，减少意外伤害的发生。班主任要充分发挥班级主心骨的作用，充分尊重学生，关爱学生，深入细致地了解学生内心的想法。当意外伤害发生时班主任要做出及时处理，稳住学生的情绪。

班主任要坚持防患于未然的原则和奖惩分明的原则。班主任在平时的生活中要密切关注学生的动态，留心观察学生的一言一行，时刻保持警惕，及时发现问题，解决问题，不能等到意外发生以后才进行处理。班主任要坚持防患于未然的原则，注意班级教学安全设施的安全隐患排查，让学生在安全的状态下学习，防微杜渐，防止意外伤害的发生。班主任要坚持奖惩分明的原则，对于表现良好的同学给予精神上的鼓励，对于参与打架斗殴等不良事件的同学给予适当的惩罚，对他们进行思想上的教育，让他们认识到行为的严重性。

五、校园意外事故的处理

（一）保持冷静

班主任作为班级的主心骨，面对意外事故时不能惊慌失措，要保持冷静的头脑，利用自己学会的急救和互救的知识对意外伤害及时处

理, 使伤害降到最低。当自己处理不了的时候要及时上报学校, 得到学校的帮助, 在学校的帮助下共同处理好意外伤害。如出现意外伤亡, 班主任要及时拨打急救电话或者报警。

(二)奖惩分明

意外伤害发生以后, 班主任要做到奖惩分明, 对于表现好的同学给予鼓励和支持, 对于参与不良事件的同学要进行一定的惩罚, 使其认识到事件的严重性。

(三)通知家长

事故发生后, 要尽快通知家长, 主动报告上级。未成年学生在学习发生意外, 在抢救的同时, 班主任要尽快联系家长, 千万不能隐瞒事实, 通知家长的时候要注意通知的方式, 考虑家长的心理承受力。

(四)保护现场

在事故发生后, 班主任在保证抢救的前提下要注意保护好现场, 方便公安部门调查取证。这样不仅有利于事情得到更好的解决, 而且做到了事情解决的公正性。事故发生后, 家长难免会情绪激动, 这个时候更是考验班主任处理意外伤害的能力, 在与家长沟通时要注意言辞, 切不可与家长发生争执, 对家长进行动之以情晓之以理的规劝, 使家长能冷静地思考问题, 谨防新的伤害事故的发生。

【案例】

2003年4月27日下午4时许, 课间时间, 某初级中学初二学生16岁的崔某和同一班的侯某、郑某三人上厕所。当时已被学校开除的年满16岁的关某从厕所内向外推自行车, 撞了崔某一下, 崔某在口中只是嘟囔了一句, 关某却不依不挠，随即又用自行车猛撞崔某，崔某差一点被撞倒。他甩手打了关某的头部一下。关某丢下车随即从腰中掏出一把折叠刀，用力扎向崔某，崔某躲闪不及，被扎中胸部，顿时鲜血如注。关某见势不好，拔腿就跑。突如其来的一幕吓呆了在场的几名同学。郑某、刘某赶紧搀扶着脸色发白、鲜血直流的崔某向厕所外面走。刚走到厕所门口，崔某突然瘫倒在地。刘某急忙去找校长。其余的三名同学将崔某抬到操场上。当时操场上正有七八名教师打篮球，郑某急忙大声呼救："扎死人了!"打球的几名教师停下来向崔某走去。可当他们看到满身是血的崔某不是本班的学生时，竟然又若无其事地走了回去，玩起球来。后崔某被送至医院，却终因伤势过重治疗无效死亡。

【点评】

学生伤害事故的范围主要是指：在学校实施的教育教学活动或者学校组织的校外活动中，以及在学校负有管理责任的校舍、场地、其他教育教学设施、生活设施内发生的，造成在校学生人身损害的事故。学生伤害事故应遵循依据法律、客观公正、合理适当的原则，及时妥善地处理。

本案例中，学校没有履行自身应尽的责任和义务，导致学生伤害加重致死。学校应当对该案承担一定的赔偿责任。学校是该事故的赔偿责任主体。

没有责任心的教师见死不救，违反了有关法律规定的教师和学校负有的保护学生人身财产安全的义务，构成了学校责任事故，有关人员也应当承担相关责任。教师的本职工作是教书育人，净化心灵。长久以来，在人们心中，教师往往是崇高人格精神和道德情怀的代名词，是无私奉献，兢兢业业的祖国园丁。在本案中，几名教师仅仅因为伤者不是本班的学生

就放弃救助，泯灭了应有的良知和爱心，给社会舆论造成了严重的负面影响。

未成年学生的父母或者其他监护人应当依法履行监护职责，配合学校对学生进行安全教育、管理和保护工作。本案中关某的家长同样对本次事故负有不可推卸的责任。

学生意外事故的发生不仅仅是一方的责任。各种因素纵横交错，造成一幕幕惨剧的发生。为避免学生发生意外事故，学校应该对在校学生进行必要的安全教育和自救自护教育；应当按照相关规定，建立健全安全制度，采取相应的管理措施，预防和消除教育教学活动中存在的安全隐患；当发生意外事故后，应当采取紧急有效的救助措施。

案例中的关某是事故的重要责任人。关某随身携带刀具，行凶伤人，从侧面反映出学校安全教育的缺失。学校应该通过开设专门性的安全讲座和课程，培养学生们的安全责任意识。针对学生年龄、认知能力和法律行为能力的不同，采用相应的内容和预防措施。学生也应该遵守学校的规章制度和纪律，宽容待人，与人为善，避免同学之间的矛盾激化。

第三节　踩踏事件

踩踏事件是指在人员相对密集的场所，如公共娱乐场所、学校、体育场（馆）、大型活动现场等由于现场秩序失去控制，发生拥挤、混乱，导致大量人员被挤伤、窒息或踩踏致死的事故。作为校园突发安全事件的一种,踩踏事故的受害者多是学生,事故的发生会威胁学校正常教育教学活动的展开,严重的将导致学生受伤甚至死亡,引起社会大众的广泛关注。近年来,校园踩踏事件频发,造成了严重的社会影响。

一、校园踩踏事件产生的原因

引起校园踩踏事件产生的原因是多方面的。深入分析导致踩踏事件产生的原因,加强踩踏事件预防工作的监督和管理,有利于班主任在日常工作中加强防范,有效应对,也有助于校园安全管理工作的顺利开展。踩踏事件的产生既有学校教育、管理方面的原因,也有学生自身的原因。这些原因主要包括以下几个方面:

(一)学校安全管理缺失

在一些学校管理者看来,踩踏并非校园安全管理工作中应该注意并加以预防的事故灾害。如果踩踏事故造成的伤亡情况不严重,校方会免于责任。正是这种不负责任的想法和态度,使得他们没有将学生安全放在首位,使校园踩踏事件应急管理工作无章可循。

校园应急管理工作不仅是预防灾害发生,最大限度地降低事故危害的需要,也是学校管理者应该履行的责任和义务。学校的应急管理准备工作做得不充分,缺少合理、科学的应急预案是突出的安全管理问题。踩踏事件应急管理预案的缺失,不单单是指没有设立专项的事故预案,还包括应急预案的照搬照抄,无法根据学校的具体情况设置和改进预案,没有针对性,甚至没有可操作性。

学校的安全检查制度落实情况不佳,是造成踩踏事故发生的另一大诱因。主要表现在:管理人员不到位,对教师的安全责任分工不明

确，值日执勤制度不落实，在上下课容易发生学生拥堵的地段，没有教师进行帮助和管理。在课间操等活动中过于要求学生的速度，无形中给学生带来了心理压力。

(二)学校建筑设施存在安全隐患

不合理的建筑设计和低劣的硬件设施质量，是造成踩踏事故发生的重要原因。学校狭窄的楼梯、楼梯口、楼梯拐角处等是学生发生踩踏事故的多发地点。其主要原因一方面是楼道设计不合理，例如楼梯设计时并未考虑到班级人数较多的情况，楼梯通道较少；学校为了增加教室的面积，楼梯宽度比较窄；栏杆或楼梯井的高度等未严格执行国家的安全标准。另一方面易发地点的照明设施存在隐患。主要表现在：缺少相应的照明设备，照明强度和时间不足，设备更新、管理不及时。除此之外，学校在楼梯过道等事故多发地点未设置警示标志，没有提醒学生注意安全，在紧急情况下无法指引学生安全有效地逃生。

合理完善的教学设施能够有效预防踩踏事故的发生，减轻事故带来的损失。相反，如果学校教学设施的安全难以保证，在灾害发生之时，不仅无法促使学生快速离开事故现场，反而会给学生的有效撤离带来困难。

(三)学生的身心发展尚不健全

中学生自身对踩踏事故可能产生的严重危害，以及何种行为会造成踩踏事故认识不到位，自制能力较差，安全意识不高。在集中上下楼梯时，学生常常是跑动，拥挤而下。当人流汇合发生拥堵情况时，学生行进速度放慢，心理烦躁不安，极易在拥挤的状况下做出诸如起哄、搞恶作剧、相互推搡碰撞等危险的行为举动，更是导致踩踏事故发生的直接诱因。

恐慌心理的产生和扩散加剧了踩踏事件的严重性。当踩踏事件发生时，学生对事故现场周围的环境情况缺乏了解，面对真实的危险表现出不知所措、惊慌恐惧、大声哭喊、绝望等心理情绪。严重的恐慌心理不仅使自己的行为失常，还会迅速蔓延，给周围学生的心理和情绪带来不良影响，进而造成群体性的心理恐慌和集体行为失控。学生们在本能的求生欲望的驱使下，采取措施迅速离开灾害发生地点，导致拥挤情况加剧，使事态急剧恶化。加上大多数学生面对事故缺乏勇气，缺少自救能力和安全技能，自我保护能力较差，难以正确、有效地应对危险，往往会受伤乃至失去生命。

（四）学校忽视对学生安全意识的教育

踩踏事件背后反映出的是学校安全教育的缺失。学校没有将提高学生的安全意识和防范突发安全事件应对能力当作自身应尽的责任。在当今这个以考试分数来衡量学生的时代，学校过于强调学生学科知识的学习，在安全教育方面没有引起足够的重视，未对学生进行必要的安全知识教育和安全技能训练，使得学生在面临踩踏事件时，无法正确有效地保护自己，展开自救。

二、校园踩踏事件的特征

（一）校园踩踏事件具有突发性

学校踩踏事件的发生往往出乎人们的预料。在人们没有任何准备的情况下发生，令人措手不及。从踩踏事件发生到结束，往往是一瞬间的事。这就需要班主任老师以及其他学校管理人员在日常生活中对踩

踏事件加以注意和防范,保持警惕,避免踩踏事件的发生。

(二)校园踩踏事件具有群体性

校园踩踏事件一般具有群体性特征。一旦发生,受害人数较多。例如,2002年9月23日在内蒙古自治区某中学发生的踩踏事故中,有21人罹难,47人受伤,其中6人重伤。2009年12月7日,湖南省某中学发生的踩踏事故造成8人死亡,26人受伤。群体性的受伤甚至死亡加重了踩踏事件的危害性。

(三)校园踩踏事件具有紧迫性

校园踩踏事件的紧迫性表现在:一旦踩踏事故发生,面对人员伤亡和财产损失,人们必须在极短的时间内对灾害现场做出相应的处置。救护受伤人员,维持现场秩序,对人群进行有效的疏导和控制,从而避免事故危害扩大化。处置得越主动、越迅速,就越能减少人员伤亡,减轻事件的负面影响。

(四)校园踩踏事件具有危害性

校园踩踏事件威胁着师生的生命安全,对学校正常的教学和生活秩序带来严重的不良影响。踩踏事件带来的危害有的是十分明显的,如人员伤亡和学校硬件设施的损失。有的则是无法被人们直接发现和感知的,主要表现在踩踏事件给学生留下的心理创伤。因此,在踩踏事件发生后,班主任有必要对学生展开心理辅导教育,帮助学生尽快走出心理阴影,恢复正常的生活和学习。

(五)校园踩踏事件具有敏感性

校园踩踏事件往往具有更高的敏感性,这主要是由校园踩踏事件的发生地点和涉及人员决定的。首先,校园踩踏事件的发生地点是学校, 学校是国家振兴教育、培养人才的场所, 寄托着党和国家的希望, 历来受到社会的高度重视。如果学校中发生了安全事故, 更会受到社会的广泛关注。其次, 校园踩踏事件的受害者往往是学生, 学生的安危总是会牵动着学生家长的神经, 一个学生的非正常死亡, 会给一个家庭带来巨大的伤害。事件发生后, 学生家长的不理性态度会使事故的处理难上加难。

(六)校园踩踏事件具有社会性

校园踩踏事件的社会性和敏感性是分不开的。随着社会信息化脚步加快, 各种媒体和网络的覆盖范围不断扩大, 为信息的传播和交流提供了便利。每一次校园踩踏事件都会引起人们的高度关注。如果事件发生后不能及时有效地处理, 很可能会带来更多的负面影响, 引发更多的消极反应, 加大事件处理难度。

三、踩踏事件的预防

预防工作是应急管理的基础。全面合理的预防措施可以有效地遏制可能导致校园踩踏事件的消极因素, 防范和避免校园踩踏事件的发生。对于校园踩踏事件的预防, 班主任可将居安思危、以生为本和坚持不懈作为预防工作的原则, 避免或最大限度地减轻踩踏事件带来的危害。

(一)踩踏事件的预防原则

1. 居安思危原则

居安思危原则强调灾害发生前的危机意识和防范意识。只有在思想上提高对踩踏事件的警惕性, 才能对灾害的发生前兆具有敏感性。

班主任应将居安思危原则作为预防踩踏事件的一条重要原则,未雨绸缪,防微杜渐,营造一种有备无患的氛围,减少甚至避免踩踏事件的发生。

2. 以生为本原则

"以人为本"是我国处理各种社会问题,协调各方利益,构建和谐社会的一条重要原则。《国家突发公共事件总体应急预案》中强调,"把保障公众健康和生命财产安全作为首要任务,最大程度地减少突发公共事件及其造成的人员伤亡和危害"。这充分表现了党和国家对人民生命安全的尊重。该原则体现在校园踩踏事件的应急处理上,表现为班主任应时时刻刻将学生的人身安全和个人利益置于首位,以生为本,将保障学生的人身安危作为踩踏事件预防工作的出发点和立足点。

3. 坚持不懈原则

坚持不懈原则主要是指:踩踏事件的预防工作不是一蹴而就、一劳永逸的,而是一项长期任务。班主任要时刻将踩踏事件的预防工作放在心上,常抓不懈。

(二)踩踏事件的预防措施

1. 加强学生的安全意识,做到居安思危

学生往往是踩踏事件的受害者。所以,在踩踏事件的预防工作中,班主任要对学生展开全面的安全知识教育,帮助学生树立科学的安全态度,引导学生认识踩踏事件的危害性,提高学生对危险的警惕性。

班主任可以在班级中开展预防踩踏事故的专题性安全教育课,通过分析踩踏事件的案例,使学生们充分认识到踩踏事件产生的原因和

严重后果,帮助学生掌握踩踏事故的防范措施。

同时,班主任应该注意培养学生良好的行为习惯。在集中上下楼或参加集体活动时,引导学生靠右侧轻声慢行。发现学生做出推搡、挤撞等具有危害性的行为,应及时告知并加以制止。

2. 指导学生开展预防踩踏事件的应急演练

应急演练可以为学生构建一个接近真实的事故突发现场,帮助学生了解和掌握事故发生现场的具体情况。做好踩踏事件的应急演练工作,能让学生在面对真实的危险时,保持沉着冷静的心态,不慌乱,不畏惧,明白注意事项,从而避免踩踏事件的发生。班主任可以通过开展踩踏事件应急演练的方式,提高学生对危机的熟悉度和应对踩踏事件的能力。

3. 积极关注班级周边是否存在安全隐患

在许多校园踩踏事故中,灾害发生的原因往往来自于存在巨大安全隐患的硬件设施。诸如长久失修的木质楼梯,破落的照明设备等。防范踩踏事件,要对有问题的教学设施采取有针对性的修缮和整改,及早发现问题,查缺补漏。

排查安全隐患,需要班主任的责任心、细心和耐心。只有班主任切实地将保障学生的人身安全作为自己应尽的责任,细心、耐心地对待安全工作,才能认真负责地对校园的安全隐患进行全面细致的排查,发现细微的安全问题。

4. 加强与学生家长的联系,家校合作

做好踩踏事件的预防工作,单靠学校的力量是远远不够的。班主任要加强与学生家长的交流和沟通,指导家长对学生进行安全知识教

育。可以通过举办家长会，进行家访等形式，向学生家长宣传和讲解有关踩踏事件的安全防范知识，让家长参与到预防踩踏事件的工作中来，形成安全教育合力。

四、踩踏事件的处置

（一）踩踏事件的处置原则

在踩踏事件的处置上，班主任可坚持依法处理、迅速反应、提高素质的原则。

1. 依法处理原则

对踩踏事件的应急处置要遵循相关法律的要求。我国已经出台了一系列有关应急处理法律法规。如《中华人民共和国突发事件应对法》《国家突发公共事件总体应急预案》《教育系统突发公共事件应急预案》等。在踩踏事件的处理问题上，班主任要树立法制观念，以法律的规定和要求作为行动的准绳。坚持依法行事，从保护学生的利益和安全的角度出发，及时处理事故危害，防止灾情扩大化。

2. 迅速反应原则

校园踩踏事件的发生往往没有明显的征兆，具有突发性和危害性的特点。踩踏事件一旦发生，时间就显得尤为宝贵。班主任需要树立抢占时间的观念，在踩踏事件发生之后，迅速控制事态，果断地采取营救措施，并向上一级领导部门或校园保卫处汇报，避免灾害向更严重的方向发展。在时间上反应得越快，处理措施展开得越早，就越主动。快速反应能有效地防止踩踏事件消极影响的进一步扩大，为事件的应急处置提供了条件。

3. 提高素质原则

踩踏事件的处置对班主任的个人素质提出了较高的要求。坚持提高素质的原则,首先要求班主任加强心理素质锻炼,面对校园踩踏事故,不能畏首畏尾,恐慌惊乱,更不能临阵脱逃,置学生的生命安全于不顾。俗话说:"惧怕危险,比危险本身还要可怕一万倍。"在灾害面前,班主任应该为学生树立坚强勇敢的榜样,临危不惧,沉着应对。另外,班主任要掌握如何处理踩踏事件的安全知识和技能,有效地指导学生展开救援。

(二)踩踏事件的处置措施

1. 掌握和控制局势

踩踏事件发生后,班主任应尽快掌控事发现场局势,掌握具体灾害情况。在紧急的情况下,指挥疏导人员稳定的情绪、冷静的行动可以有效地对抗人群的恐慌和不安。班主任要沉着冷静,用镇定的语言安抚学生的恐慌情绪,尽快缓解学生们的紧张心理,增强学生们脱离危险的信心。同时用广播或大声呼喊的方式,要求现场人员听从指挥和安排,指挥疏散路线和方向,对拥挤的人流进行分流和控制。

2. 及时疏导

迅速引导和指挥前面的人流快速安全地撤离,保持前方流动通畅;维持人流移动路线,防止人员滞留在通道上;疏导分散后续人流从其他出入口有序撤离。

3. 应急抢救

作为一名班主任,要掌握突发安全事件的一些抢救措施。诸如人工呼吸、止血等医疗抢救方法。如果在踩踏事件中有人员受伤,应立

即对伤者展开有效的救援。

4. 请求支援

如果受伤人数较多, 灾情严重, 班主任应该及时向学校保卫部门、安全管理部门甚至当地救援机构 (110、120、119) 反映, 请求支援。

5. 信息上报

踩踏事件发生后, 班主任应将具体灾害情况上报给学校相关领导和部门。

【案例】

2009年12月7日晚10时许, 湖南省湘乡市育才中学发生一起学生踩踏事件, 8名学生不幸罹难, 26人受伤。

踩踏事故发生在育才中学的教学楼内。该教学大楼共有5层, 事故发生在一层和二层之间的楼道内。当晚9点10分, 晚自习下课后, 同学们纷纷从教室里冲出来奔向宿舍。这幢教学楼共有左右两个楼梯, 但是因为当时下着雨, 同学们都选择了距离宿舍楼较近的右侧一号楼梯下楼, 下楼的人十分拥挤。下到一层的学生因为躲雨或者止步撑伞放缓了脚步, 后面的同学却一直向前推搡挤撞。在一层和二层之间的楼道内, 因为一名学生不慎跌倒, 后面的学生拥挤过来, 在狭窄的楼梯间, 众多学生挤成一堆, 最终酿成了8死26伤的惨剧。

事故发生后, 湘潭市委、市政府等部门立即展开调查和善后工作, 对有关部门的失职行为启动了严厉的问责机制。湘乡市教育局党委副书记被免去职务, 踩踏事件两名直接责任人被湘乡市人民检察院以涉嫌教育设施重大安全事故罪被依法逮捕。

【点评】

在踩踏事故发生后,一名学生家长对采访的记者说道:"如果平时加强对学生们的安全教育,或者真正把安全制度落到实处,也许这次悲剧事件就不会发生。"

8日晚,湘乡市委宣传部对外透露,事故发生的原因主要有以下几方面:一是学校只安排了一名保卫人员进行现场安全巡查与管理,难以监控整个教学楼的学生活动。二是学生的安全意识水平不高,不遵守秩序,在楼梯内拥挤,是导致事件发生的直接原因。三是天气原因,当夜下大雨,大部分学生为了避雨,涌向距离宿舍楼较近的右侧楼梯,致使楼梯人流量增加,导致悲剧的发生。四是学校没有在楼梯间安装应急灯与警示标志,没有开展必要的应急演练,使得学生在面对真实的事故现场时,不知道应该如何应对。

踩踏事件并非偶然发生,同样在2009年11月3日,湖南常宁市西江小学曾发生踩踏事故;11月25日,重庆彭水县桑柘镇中心校发生学生踩踏事件。还有更早以前的江西都昌县土塘中学踩踏事故、四川巴中市通江县一所小学的拥挤踩踏事故等。频频发生的踩踏事故带给我们以下启示:

一、要建立合理的学校教育和管理制度

据事后调查,育才学校共有52个班,有学生3626人。平均算下来,每个班级大概有70名学生。多个班级的人数在72到75人之间,有学生甚至说班上超过80人。据湘乡市教育局党委书记的介绍,根据湖南省及湘潭市的有关规定,每个班的学位编制应该是40人到50人。班级人数严重超编为事故发生埋下隐患。

育才中学师资力量雄厚、教学严格。为了保证和提高教学质量,学校

将学生的学习时间安排得十分紧凑。学校的领导和教师也形成了只重视教育教学业绩，轻视甚至忽视校园安全的观念。该校学生晚上9时10分才下课，9时30分就要熄灯就寝，要求学生在短短20分钟内从教室回到寝室并完成洗漱，这种生活安排给学生带来了巨大的时间紧迫感。可以说，这一不合理的安排多少也对惨剧的发生起到了一定程度的催化作用。

学校的确是培养人才，振兴教育的场所。然而一连串校园踩踏事件的发生不得不让我们思考这样一个问题：教育的本质是什么？难道只是外表光鲜的教学大楼和高攀不下的升学率？教育是培养人的活动，如果到头来我们无法保护自己的学生，学生也没有保护自己生命安全的能力，何谈教育？踩踏事件背后反映出的是应试教育压力下学生的集体"失足"。学校应该严格控制招生规模，缓解学生学习压力，合理安排学生的作息时间，建立健全学校的教育和管理制度，才能从根本上防止踩踏事件的发生。

二、完善教学硬件设备

育才中学的教学楼呈"回字形"，现代又气派。然而，当遇到下雨等气候变化，楼梯会变得湿滑，给学生上下楼带来困难。楼梯的宽度也仅有1.5米。教学楼的楼道和走廊只有一盏微弱的节能灯，没有必要的应急照明设施，楼梯的拐角是黑暗的死角。硬件设施的不完备为学生的紧急避险造成了障碍，也反映出学校安全管理上的缺失。

安全工作无小事。学校在日常的安全管理工作中，应该做到事无巨细，及早发现教学设施中的安全问题并及时解决，把可能引发安全事件的危险因素消灭在萌芽状态。

三、加强应急疏散演练工作

教育部制定的《中小学公共安全教育指导纲要》中规定：要求"开展

公共安全教育，养成在日常生活和突发安全事件中正确应对的习惯……"也曾在2005年要求就预防学生拥挤踩踏事故建立专门制度，而且《中小学幼儿园安全管理办法》也明确规定，学校应每学期开展一次紧急疏散演练。但实际上，很多学校在平时安全管理工作中并不上心，很多安全设施的设置只是为了应付检查，安全教育大多是"一阵风"，很少有学校能坚持开展安全教育，进行疏散演练更为鲜见。以育才中学为例，只是给每个学生发放了安全教育手册与学生手册，没有开展过相应的应急演练。可见，学校缺乏安全教育的一贯坚持。安全意识一放松，灾难在所难免。只有在平常的生活中加强踩踏事件的应急演练，才能提高学生们应对踩踏事件的熟悉度和灾害规避能力。

第四节　　离家出走

青少年学生离家出走是一个长期存在的社会问题。尤其是近年来，学生出走事件犹如雨后春笋一般，频频发生，愈演愈烈，呈现上升快、低龄化、集体化的趋势。据统计，出走学生中有百分之八十是小学高年级的学生和初中生。其中有单独离家的，也有数人结伴同行的。九成以上是男生，年龄大多数是在九岁到十六岁之间。而他们出走的原因也非常相似：学习压力过大、父母离异、老师批评、迷恋网络等等。

学生出走给学校教育教学工作带来了严重的影响，给家长、老师带来了沉重的压力，同时更给学生自己带来不可预料的伤害。那么，学

生为什么会做出离家出走这样的异常之举呢？学生出走的责任到底归之于谁？应该采取哪些措施呢？本节将对这些问题做出具体的阐释。

一、青少年离家出走的概念界定

中国有学者把青少年离家出走情况分为两种类型，一种是"逃离型"，一种是"逃去型"。"逃离型"是一种消极地躲避压力和困难的表现，青少年在现实情境中遭遇挫折后无法解决，产生心理压力，便希望逃离这种情境以缓解和消除心理上的紧张。这多是家庭或学校教育的某些因素将青少年"推出"了家门。"逃去型"则是一种积极地寻求新奇和刺激的行为，青少年在接受外界新奇事物刺激后，对其产生向往，渴望获得这种新奇的体验以满足心理需要。这多是一些外部因素，如社会环境等将青少年"吸引"出了家门。可见，"逃离"和"逃去"的根本区别在于造成离开的原因不同。

二、青少年离家出走的原因

经教育学家调查，学生出走主要有以下几方面原因：

（一）家庭因素

有的家长望子成龙、望女成凤心切，对子女的要求过高。当子女不能实现其期望时，他们就会横加指责。还有一些家庭，夫妇离异或者感情不和，也是引发子女出走的原因。下面几种类型的家庭极容易导致学生离家出走：

1. 专制家庭

在这种家庭中，家长控制和占满了孩子的几乎全部业余时间和空间，孩子完全没有自主权，个性得不到发展，爱好没人理睬，不能做他自己想做的任何事情，一切都得听从家长安排。这种孩子一旦长大，就可能反抗，离家出走，摆脱家长的"殖民统治"。其家长未必没有文化，有的还是干部、教师、军官、知识分子，但是他们缺少的是民主作风和对孩子的理解。这类孩子本身也不一定是差生，他们有的功课还不错，品质也没有什么大问题，只不过他们是不满于家长的专制态度。

2. 家庭矛盾

夫妻不和，经常吵架闹离婚，或者婆媳关系非常紧张，或者家长教育观念不一致，经常争执不休，孩子生活在矛盾的夹缝中，也是很痛苦的。弄到忍无可忍的时候，也可能离家出走。

3. 应试家庭

这种家庭，所有的成员，整个生活都围着孩子的考试分数转，家庭失去了主体性，成了学校的附庸，大家都成了分数的奴隶，生活极其枯燥，几乎没有其他乐趣。在这样的家庭中生活，确实是一场灾难，孩子小时候无力反抗，长大了忍无可忍，就可能离家出走。

4. 暴力家庭

家长动不动就打孩子，这就是暴力家庭。生活在这样家庭氛围中的孩子，从小就不会感受到爱的存在，在他们的内心深处，更多的是恐惧、害怕，甚至会产生逆反心理。长此以往，有些孩子为了摆脱家长的暴力和束缚，就会选择离家出走。

5. 物质家庭

这种家庭充满了追求吃喝玩乐的物欲氛围，有的属于富裕家庭，有的并不富裕，打肿脸充胖子也要摆阔。孩子在这样的氛围中长大，满

脑子都是虚荣心,满心都是和别人攀比享受,对学习自然不感兴趣。一旦对学习失去信心,又受到外部诱惑(比如他人的怂恿和欺骗),就完全可能弃学离家去"闯世界"。这是很危险的,孩子很容易误入歧途,甚至走上犯罪道路。

6. 溺爱家庭

现在的孩子一般都是家里的独生子女,所以家长会过分宠爱他们的孩子。这种情况之下,孩子很容易就会被培养成花花公子或者大小姐,这就是溺爱的表现。有些家长还有一种想法,那就是想用尽可能满足孩子一切物质要求的方法来换取孩子的学习积极性,结果学习积极性没换来,孩子吃喝玩乐倒成了内行。孩子的物欲和消费欲膨胀起来是非常迅速的、没有止境的,家长给多少钱也不够用。为了满足需要,他们就可能离家出走,走上歪门邪道。

(二)学校因素

学校因素也是探讨青少年离家出走原因的一个重要方面。一般来说,学校存在的问题有课业负担过重、管理方式刻板单调和师生关系不和睦等。现行的教育体制,迫使学生一入学就被告知要好好读书,只有考上好大学才有出路,这势必造成学习竞争激烈,而有的学校片面追求升学率,又会加重学生的课业负担,造成学生压力过重。而学校由于各方面的原因,实行了全封闭式的管理方式,学生长时间被"关"在学校里,会感到很郁闷和压抑,他们觉得出走是一种解脱,用学生的话说"需要出来溜达溜达"。学校的教育理念不正确,片面追求升学率,教育方法过于陈旧,沿用传统的灌输法进行教学,课程枯燥、脱离实际,久而久之,学生便会丧失学习兴趣,产生厌学的心理。于是,便选择离家出走作为逃避学校和家长的一种方式。除了学业压力之外，教师的冲动也是把学生往外推的一股力量。有的教师重教书轻育人，对一部分学生的管理缺乏耐心，甚至歧视或忽视学生，教育方法简单粗暴。这些导致了师生关系紧张，使一些学生在学校里感受不到温暖，为了逃避选择了离家出走。

（三）社会环境因素

社会因素是青少年离家出走的诱因。

社会上一些不良帮派团伙、拜金主义的价值观等对青少年有着极大的负面影响。有些拜金倾向严重的学生，在学习中经常表现出漫不经心，逃学去挣钱，或学某些歌星、影星外出去闯天下。由于管理不规范，未成年人又缺乏自控能力等多种因素的综合影响，很多青少年迷恋于网络的新奇刺激，以及巨大的信息量，深陷于其中而不能自拔。随之而来的网友见面、早恋等问题又会直接导致学生的离家出走。

此外，随着社会科技水平和人们生活水平的不断提高，各种电子产品以及网络、电视等的出现，尤其是受到社会上不法分子、传媒中的一些有害信息的恶劣影响，再加上处于青春期的孩子在世界观、人生观、价值观方面尚不成熟，很容易受到引诱和教唆，导致孩子离家出走。

（四）学生个人因素

1. 人际关系紧张

许多中学生由于种种原因导致人际关系十分紧张，这样的中学生往往处于一种疲于应付和敏感防御的紧张心理状态。外界的些许风吹草动都会在他们的心中掀起狂涛巨澜，当他们感觉不被别人接受或认可时，他们选择的方法往往是逃避上学或离家出走。

2. 心理不健康

离家出走的中学生往往有这样或那样的心理缺陷，要么性格内向，要么精神紧张，要么行为乖戾等，类似的心理问题都会在不定的时间突然爆发出来。

学生一个人流浪在外，生活没有规律，睡眠饮食均无保障，远离父母和亲人，孤独感和恐惧感便会油然而生。除此之外，其他一系列的不适应也很容易使学生心情忧郁，产生偏激的愤世嫉俗的不良情绪。而且，由于学生的世界观、人生观、价值观的不成熟，以及自我生存能力的欠缺，流浪在外很容易让他们染上偷盗、抽烟、酗酒等不良习惯，甚至有些人还会走上犯罪的道路。

3. 其他个人因素

比如青少年的好奇心和求知欲比较强，这样就很容易受外部因素的诱惑，产生出去见世面、探险的想法。

学生出走的危害性如此之大，如不能得到控制，后果将不堪设想。因此，学校一定要加强这方面的预防工作，做到提前教育，及早发现问题，及时沟通解决，务必将学生离家出走的想法扼制住。

三、解决青少年离家出走的具体措施

学生出走的危险性极大，学校必须予以高度的重视。那么，学校要如何做到防患于未然呢？

(一) 提升学生的心理资本

心理资本是指个体在成长过程中表现出来的一种积极心理发展状态，是蕴含于人们心灵深处的一种积极的力量，主要包括四个核心要素:自我效能、乐观、韧性、希望。提升学生的心理资本,可以使他们更好地认知自己,形成积极的自我意识。这样,学生即便是暂时处于劣势,也依然可以获得美好的未来。

因此,提升学生的心理资本至关重要。对于教师而言,要学会欣赏每一个学生,帮助每一个学生对自己进行合理定位,让他们在努力的过程中都能品尝到成功与快乐,增强学生的自我效能感,培养学生积极的自我意识。教师要引导学生对自己的行为进行积极地归因,使他们能更乐观、积极地看待生活。同时,教师还要帮助学生合理调控情绪,发掘学生的心理能量,提升他们的幸福体验。只有提升学生心理资本,他们才能对生活充满希望和自信,离家出走事件也自然会迎刃而解。

(二)培养学生树立正确的人生观

学校必须从培养学生树立正确的人生观入手,积极引导学生树立正确的人生观、价值观、世界观,使学生对自己的所思所想、所作所为有一个正确的衡量标准。教会他们如何做一个有道德、敢担当、不怕挫折和失败的人。教他们做人的道理,教他们学会适当调节自己的心理,及时走出心理阴影。

另外,老师还可以通过组织各种有意义的课外活动,从中发现学生的特长和独特的个性,给那些学习成绩不理想的学生一个展现自我的机会和平台,增强他们健康成长的自信心。

(三)班级管理应受到重视

很多学校都有班级点名簿,但是有些班主任连学生的姓名都懒得登记到点名簿上,结果到了期末进行总结时,学生一学期的出勤统计

就是一片空白。这一关键环节没有把握好，学校就很难在第一时间发现学生出走。

学生到学校学习，教师就应当承担好监护人的责任。如果在管理上，他们再仔细一点，课前坚持报告出勤情况，就能够很快发现异常状况，进而由学校尽快通知到学生家长。这样一来，出走的学生也很容易被找到。

所以，班主任要加强行政管理，完善班级管理制度，比如建立学生个人档案，挑选有一定组织能力和管理能力的学生担任班级干部，及时反馈学生的思想动态，密切注意每个学生的心理动向。

（四）做孩子们的良师益友

在充当学生的良师时，教师也要充当学生的益友。平时，教师除了日常的课程教学外，还应该多抽出一些时间与学生交流。因为有些事情，学生不一定愿意和家长说，但是面对知心的教师却愿意倾诉。同时，教师应当定期家访，对有些家长的错误的教育方法应给予批评和指导。除了关注学生的学习之外，还要更多地关注学生的生活，让学生感觉到教师的关爱。

（五）家教方法需改进

学生出走，家庭教育失败也是重要的原因之一。现在的学生如同温室里的幼苗，心理承受能力十分脆弱。往往一句无意的批评，都能引起他们敏感的心理，引发他们离家出走的行为。因此，正确的家庭教育方式十分重要。

父母不仅要在生活上关心子女，更应该从情感上亲近他们。随着孩子的成长，家长应该理解他们，改变孩童时期的教育方法，不能总是要求他们这样做或者那样做，要与他们一起商量、讨论怎样做，适当地给他们提供一些有益的建议和指导。在与孩子交流过程之中，一旦发现他们撒谎、偷窃时，家长一定要及时教导和疏导。当父母确定子女离家出走又束手无策时，应该及时向学校或者相关部门报告，并且提供相关线索。这样有利于避免发生意外，尽快找到出走的子女。

（六）学校、家庭、社会三者相结合

为有效预防学生出走行为，学校有必要建立健全学校、家庭、社会的联动机制，为学生营造一个健康的成长环境。

作为学校领导，每学期要分年级召开学生家庭联席会议，要求班主任定期家访。家长不可以把学生的教育全部交给学校，除了主动配合学校的管理外，还要及时发现孩子身上的问题，并向学校汇报。

社会环境的净化也是一项不可忽视的工作。虽然教育学生辨别危害是学校的义务，但是社会各界也应该加强行政整顿力度，努力为学生创造一个安静、美好、健康的学习环境。比如，对学校附近的不法书店、网吧、电子游戏厅进行管制，对传媒中的有害信息进行过滤等。

另外，学生出走后，社会各方面都应该予以高度重视，积极配合寻找工作。比如有的学生离家出走后流落在外地，心里极度沮丧时，会因一时想不开产生自杀的念头。这时，有关方面和人员应积极伸出援助之手，热心地挽救和帮助他们。

青少年学生们是社会主义的建设者，是祖国未来的接班人，他们承载着祖国和人民的希望。所以，学校、家庭以及社会各界人士都有义务、有责任帮助他们，引导他们停止这种错误的做法和行为。

在帮助学生的同时，我们也要反省一下自身的行为，看看自己是否

有对学生的出走行为起到错误的助推作用。当社会上的各界人士都满怀着热情，怀揣着一颗爱心，共同关注青少年的心理健康问题时，学生出走的事件才会越来越少，祖国的明天才会更有希望！

【案例】

2006年2月10日（寒假快结束，离新学期开学还有3天）晚7时左右，我正在家中吃晚饭，突然接到一位家长的电话。家长很着急地说，他的孩子（翁××）可能离家出走了，无论如何请我帮助寻找一下。我心中一惊，赶紧放下碗，急匆匆地赶到这位学生家中，孩子的母亲给我讲述了事情的经过：2月10日早晨起来后，因为吃早饭，母女俩闹了不开心，女儿顶了几句嘴，母亲就打了女儿，然后父母就上班去了，晚上下班回到家，家里已人去楼空，不知去向，所有的亲戚都联系过了，孩子谁家也没去过。家长已无所适从。

我根据情况，分别和平时与这个女孩交往较多的两个学生进行了了解，其中一个提供了非常有价值的线索：2月9日她们曾一起去新华书店买书，2月10日中午和下午通过电话，电话里翁××诉说了对父母的反感，对学习的无奈，并且说准备外出打工，花了175元已经买好去南方的火车票等等。随即，我带着家长先去派出所报案，再赶到火车站查出175元去南方的火车票的对应地点是福州，为当日下午3点的火车，然后请火车站派出所帮助联系该列车的乘警，提供了翁××的体貌特征，进行地毯式排查；家长及亲戚分成两组，一组坐飞机赶往福州接应，一组在家守候，协调各方面的信息；一切安排妥当，已经是子夜。在焦急中我一直等到第二天下午2点，手机响了，话筒里传来了孩子父亲充满喜悦的哭泣声：找到了！我悬着的心终于放下了，但是有着一种说不出的滋味。

基本资料

1. 案主姓名：翁××；　　　　2. 性别：女；

3. 年龄：16岁；　　　　　　4. 班级：二(5)班

背景资料

1. 家庭背景：翁××家里共三口人，父母和她。她的父母是做汽车配件生意的，经营的地点远离市区，每天早出晚归，没有休息日，家庭经济条件较好，翁××中午在学校吃饭。父母对小孩的学习无法顾及，但管得很严，尤其是在零花钱和学习成绩上，如果孩子犯了错误，不是骂就是打。

2. 学校背景：翁××现在所在的学校是市区教学条件和生源最好的改制初中，小学生想进入这所学校，需要通过考试，择优录取，学生之间的竞争很强。很多学生无论是成绩，还是能力都很棒，翁××是在分数不够的情况下，与学校多次协商努力的情况下录取的。

3. 该生本人情况：小学时翁××成绩不好，经常受老师批评，上过三所小学，留过级，出现逃学的现象。父母为了做生意，曾把她放在无锡一所私立学校寄读，她和父母在一起交流的时间很少，父母对待她的学习问题的处理简单、粗暴。进入中学后，翁××开始和父母住在一起，无论在家，还是在学校她很少与人说话，由于基础较差，自己比较封闭，成绩也一直不好。

主要问题

1. 自我缺乏安全感，对他人不信任。特别是对别人的批评"深恶痛绝"。

2. 得不到别人的赞赏、尊重，没有知心朋友。

3. 学习缺乏兴趣，态度不端正，厌学，成绩较差。

4. 自我认识不全面，没有建立正确的人生观，价值观，不能正视自身缺点。

5. 玩心重，与父母有对立情绪。

原因分析

十五六岁的孩子，正需要父母的呵护，极想得到疼爱，但是父母对她的打骂和她长期独自一人在外上学的经历，使她很少得到亲人的"爱"，花季年龄的她过早地看到了这世界的"悲哀"，产生焦虑、易怒、情绪不稳定等心理特点。根据人本主义心理学家马斯洛观点：人的需要有七个层次：基本需要、包括生理、安全、归属与爱的需要、自尊的需要；成长需要包括求知的需要、美的需要、自我实现的需要。各种基本需要没有满足之前，成长需要就更不会产生，就翁××来说：首先是基本需要满足的缺乏。

（1）亲情的需要：父母常年忙于生意，无法顾及她的学习和生活，使她缺少爱护与关怀。

（2）归属感的需要：一直独自在外生活，回到家中也缺少鼓励，在校因为性格内向，很少有人理睬，游离于集体，缺少归属感。

（3）自尊的需要：父母的教育方式简单粗暴，经常打骂，她得不到周围人的认可，从而产生自卑心理。这些基本需要没有满足，更不用说什么求知，其学习态度必然是消极的，自我价值迷茫也是必然的。

其次是社会环境的影响。因她家庭经济较好，尽管零花钱受到家长控制，但相对一般工薪家庭的孩子来说就算多了；再加上吃穿不愁，反正父母就她一个小孩，心想无所谓努力不努力，还不如过一天算一天，管它将来呢？根本就没有对前途有过思考，所以产生各种问题就不足为怪。

再次，家庭教育的不当，教师的忽视，同学的嫌弃，社会环境的压力使她心理严重失衡，产生了焦虑、脾气暴躁、情绪不稳定等心理偏差和厌学等不良行为。

辅导矫正

(1)对其主要是进行自尊心、上进心、理想的教育，培养她的自信心，通过行为指导、锻炼她的意志力，让其尽快融入班集体中来。

(2)对其学习上辅导的问题，特别是其薄弱学科数学、英语，我有意识地找到班级中有关素质较好的班团干部，对他们提出要求，让他们能与她谈心，帮助她解决在学习上或生活中遇到的各种困难。

(3)平时在上课的时候，各科任老师要有意识地去关心她、辅导她学习上遇到的困难，努力提高其学习成绩，对其多鼓励表扬，少批评打击，增强其信心，让其在不断地进步过程中感受到生活的新亮点、集体的温暖。

(4)加强与她的父母、身边同学的沟通，争取家长的配合，同学的理解、关心与帮助。我与她父母进行了多次的沟通，让她的父母树立信心，多站在孩子的角度说话，在"山穷水复无疑路"之时，定会"柳暗花明又一村"，以理解、关爱、尊重赢得孩子的"新生"。

案主结果

经过一段时间的辅导，翁××的学习自觉性提高了，作业能按时并且有质量地完成，上课能坚持听讲，学习有了进步，我安排她担任了小组长，期中还拿到了"学习进步奖学金"。她的学习积极性明显提高，有了明确的学习目的，与同学相处融洽，交往能力增强。其父母也反映，她在家里比以前懂事多了，再也不抱怨父母，有时还能帮着做点家务事，回家后发发脾气、

耍性子的情况几乎没有了，作业也能及时完成。她自己也觉得，上课再也不无聊了，与同学们相处得非常愉快，并希望通过自己的努力，能取得更好的成绩。

对于这次离家出走，翁××曾在她的日记中写道："在我的内心一直以来总有这样一个情景，就是爸爸、妈妈打我的样子，所以我走了；但是，当这次爸爸找到我的时候，他失声痛哭的样子，我深刻感受到他们深深埋藏在心底的爱。"

第五节　学生自残

近年来，中小学生自残的报道屡见不鲜。那么多花一样的鲜活生命，怎不让人扼腕叹息？

自残是一个比较宽泛的社会问题，它涉及伦理学、心理学、遗传学和道德规范等许多领域。有专家指出，我国有近3000万青少年处于心理亚健康状态，每年至少有25万青少年因心理问题而失去生命。因为家庭离异、家庭暴力和学习压力不断增大等原因，中小学生心理健康问题日益突出，自我伤害事件也呈现上升趋势。为什么学生遭遇一点儿挫折和打击，就以终结生命或者自我伤害作为解决问题的方法呢？客观地说，除了学生心理太脆弱这个原因之外，还与学校对学生缺乏生命教育有关。多少年来，生命教育一直是中小学教育的一项空白，因而在中小学校开设生命教育课程，对于学生进行生命教育势在必行！

一、自残行为的含义及表现

自残行为一般是指无自杀意图的，为社会所不接受的，为了逃避冲突的痛苦而对自己身体进行直接或者间接伤害的行为。自残的最极端情况就是自杀。自残行为并不少见，每个人都可能产生过自残的念头，只是大多数人没有采取实际行动而已。

有资料显示，青少年是心理问题的多发人群，在读中小学生属于心理正常范围的占40%，属于心理有问题的占22%，属于有严重心理问题的占16%。高达35%的青少年曾经有过自杀的念头，有23%的青少年有自残行为。

自残行为的表现主要包括对自身肢体和精神的自残。对于身体的自残行为比较多的方式包括撞击头部，击打自己的脸，拉扯头发，切割皮肤，拧自己的腿部、胳膊，削发，过量服用药物等。精神的自残常常是以苛刻自己，多付出少享受，以痛苦为乐，在不断地冲突中以体验暂时的快感的方式来呈现。精神方面的自残往往难以察觉。

二、自残行为产生的原因

(一)心理学根源

对于青少年学生自残行为的动机，不同心理学派有不同的解释。

人本主义心理学家马斯洛认为，人类行为的心理驱动力是人的需要。人有多层次需要，而需要是不断发展递增的，发展需要受到压抑的时候，人会感到痛苦。这时候，发展需要会转化为压力，造成人的焦虑、紧张和烦躁。发展需要还会异化，造成各种不良行为习惯。自残是一种压力转移的方式，是一种不良的发泄方式。一些人会习惯于增加

自身肉体的痛苦来减轻精神的痛苦。

行为主义的学习理论认为,自残行为是社会学习模仿而来的。青少年学生在所学到的各种行为模式中有自残行为,则对其日后实际的自残行为产生重大影响。

认知学派认为,在人们试图自残行为前的一段时间里,往往已经遭遇到难以解决的问题。很可能在自杀前夕有几个特别重大的困难都凑到了一起。而直接导致自残行为的则是青少年学生对危机情境的估价。

精神分析学派认为,自残是罪恶感或者攻击性转向自己的结果。自残者认为自己已经接受到惩罚,可以获取新生。

(二)童年的创伤

国外的一项调查显示,儿童和少年时期遭受过身体上伤害或者是精神暴力的人,实施自残行为的风险约是普通人的九倍。

有调查者在对有自残行为学生的访问中,大部分都曾诉说在自己的身上,早些时候曾受到身体上或者精神上的虐待,或是有过不幸的童年。如父母离异,家庭暴力,在学校常常受到侮辱、嘲弄等。在这样的环境中,缺少父母的疼爱、朋友的友爱,老师的关爱,生活感到无比压抑,这样的学生不愿意与人交流,导致遇到压力无法排解,最后便通过自残的行为来释放压力。

(三)现实的压抑

人的心理承受能力是有一定限度的,现代社会竞争日益激烈、残酷,生活节奏加快,学生的学习负担加重。而中小学生的心理素质、健康状况、承受能力有很大的差异。有些孩子在父母不切实际的过高的期望中, 不停地受挫, 体验着挫败感, 常常感到无助、无能。久而久之, 就会失控和绝望, 产生心理危机。部分学生就会通过惩罚自己来处理问题, 即把感情的痛苦转化为身体的一种形式, 以减轻情感的痛苦和压力, 缓解愤懑和紧张, 从而防止自己做出更糟糕的事情。

(四)同伴效仿

据报道, 台北县柑园中学的两名学生为了证明彼此有"义气", 于是约定同时用美工刀割伤手腕, 然后再用相同的手帕包扎伤口作为标志。没想到, 做出如此荒唐行为的两个人竟然被其他同学视为是"英雄", 并群起效仿。同学们为了表现彼此之间的认同感, 展现自己的强势以吸引其他人注意, 而自残手腕。

青少年学生们正处于青春期, 这一时期的学生心理尚未成熟, 他们的人生观、世界观、价值观也都尚未定型, 这一阶段的孩子最容易效仿他人行为, "同伴效仿"就是其中之一的表现。

(五)人格因素

心理医生指出, 有自残行为的青少年, 人格特征上有着相似的特点, 那就是性格都比较内向或者孤僻、敏感, 遇事情绪化、易冲动; 有的学生存在自卑心理, 对生活失去信心, 长期处于忧虑之中。另外, 有的青少年自残是因为生理、心理的发展还不健全。当他们在遇到压力和打击时, 就会反应消极, 冲动行事, 采取自残自虐的方式释放内心的压力。

三、学生自残行为的应对策略

青少年是祖国的未来, 如果他们选择自我伤害, 对其自身来说是一

个毁灭，对于学校、家庭来说，是一个沉重的打击。

当学生自残的可能性出现时，自残本身就变成学校的一种危机。如果自残未遂，就会给学生造成难以挽回的身体残疾与心理创伤，留下终身遗憾；如果自残已遂，那么所有与自我伤害学生一起生活过的人们，可能一辈子都会生活在痛苦之中。

好在绝大多数的自残事件是可以预防的。有针对性地重塑学生对自残的态度，学校预防措施到位，就可以降低自我伤害率，避免悲剧的发生。

(一)重视对青少年学生的生命教育

生命教育应当作为学校教育的第一课。长期以来，一些老师误认为，与未成年的学生谈及生死问题似乎过于沉重，所以对学生的生命教育采取回避的态度。其实，这会不断地给学生一些关于死亡的不正确信息，还让学生认为生命很神秘。如果老师都不明白生死的意义，学生又怎么会珍重生命呢？当学生对生死问题感兴趣或者感到困惑时，教师不要回避他们的问题，应该与之交流想法，及时开导和教育，帮助他们树立正确的生死观。此外，学校还要强化学生的生命价值观和社会责任感，教育他们懂得生命的意义，学会善待自己，热爱生活。

(二)进行心理健康教育

专家指出，学生心理障碍问题是动态的。有些学生的心理问题是隐性的，一般看不出来，但是会不断地积累，遇到某些特殊情况或诱因，就可能突然爆发。因此，从促进人的全面发展的角度来看，要想防止一些学生因心理问题而轻生，学校应该建立一个专门的心理咨询机构，广泛开展心理健康教育。

对学生进行心理健康教育，包括对学生的心理素质教育。加强学生的心理素质教育，应该教会学生多种心理防卫技巧，用以应对日常生活和学习中遇到的各种问题，缓解各类矛盾冲突。还应该培养学生养成优秀的意志品质、性格品质和科学思维品质，培养他们的自信心和乐观精神，让其成为自知、自律的健康小公民。

（三）重视挫折教育

挫折教育的缺乏，使学生很容易因一时苦闷或者瞬间冲动而产生自我伤害的念头。这种念头并不是不可逆转的。只要老师及时发现并进行合适地开导劝解，很容易就能帮助他们走出自残的误区。

当前，一些学生遇到挫折时，不向老师倾诉以寻求心里解脱，而是喜欢深埋在心底。这种抑郁情绪如果得不到宣泄或者化解，很容易导致心理扭曲，最终导致心理崩溃，很容易因为一时冲动或者想不开而自我伤害。

为此，学校不可忽视挫折教育在学生成长过程中的作用，无论在学校还是在家里都应该有意识地让学生经历一些挫折，引导他们明白每个人的学习、生活不可能都是一帆风顺的。面对困难时，要自己想办法解决。

（四）适当讲解自杀预防的知识

采用举办讲座、散发学习材料等手段，可以提高学生对于自杀行为的认识与控制，使学生突破情绪抑郁时的自我封闭，增强对自杀意念的抵御能力。这些讲座和小册子可以向学生提供有关自杀控制欲咨询机构的情况和电话号码，或者向学生传授摆脱自杀念头的具体方法。例如精神苦闷时，可以竭力去回想儿时的幸福情景、个人生活的成

功经历等等,来转移注意力,实现情绪的自我控制。

要想有效地减少学生自残行为,学校要开设自杀预防课程。这个课程可以针对学生和老师分别开设。针对学生自残行为的专题,除了讲解有关的基本常识之外,学校还要教学生如何辨别同学间是否有自我伤害危险的信号,如何向有关机构求助,以及对于自杀未遂者争辩自杀的害处,不要与其他同学讨论他为什么自我伤害,要主动与自杀未遂者交往做朋友等。

教师的训练课程主要包括:让教师更了解并关心学生自杀现象,知道如何辨别有自杀危险的学生;当有自杀危机出现时,教师需要如何介入及处理;如何辅导企图自杀的学生,如何帮助学生加强应付危机的意识与能力。

(五)未发先预

一般来说,大约三分之二的人自杀前都会有一些征兆。及早发现有自杀倾向的学生,并有针对性地及时援助,是预防学生自残行为发生的重要措施。

在日常管理中,学校应该对学生中的高危人群,如家中出现重大生活变故的,连续几天情绪波动大、神情恍惚的,或者个性孤僻、不与其他学生打交道独来独往的,进行有针对性的重点排查,留意他们的一言一行,及时予以关心,适时适地地向他们提供一些发泄内心积愤的条件和方法,努力将可能出现的自残隐患消灭在萌芽状态。

(六)丰富学生的课余活动

学校可以根据实际情况,为学生开展丰富多彩的课余活动,这样既能丰富学生的业余文化生活,提升学生心理的愉悦度,同时又能提高课堂教学效率,切实减轻学生过重的课业负担,减少学生因为学习压力而导致的轻生事件。

(七)提醒家长: 教育方式很重要

家长是孩子的第一任老师。家长的过度娇宠、保护,是造成孩子任性、自私、依赖的主要根源。因此,家长们正确的教育方式十分重要。家庭对于孩子的溺爱,容易使他们情感脆弱、抗压能力差。受家长过分溺爱的孩子特别容易导致两极分化,要么过度以自我为中心,要么过度自卑,在生活中遇到一点打击,就会以自杀、自残等过激行为进行自我否定。所以,学校要做好家长的工作,让家长也参与进来,与学校一同来管理学生。学校应让家长明白: 在给予孩子稳定、舒适的生活及学习环境的同时,不要过分溺爱孩子。

(八)依靠社会的力量

有专家指出,某地自杀率的上升或下降,与宣传自杀的报刊有一定的关系。所以各大媒体应该限制有关自杀信息的传播,特别是夸大的、耸人听闻的自杀报道。因为在缺乏指导的情况下,过多地了解自杀的事实和过程,对学生的健康成长容易产生负面影响。

另外,社会各界要对青少年学生给予关爱和保护。很多自残事实表明,青少年学生在缺乏爱的情况下容易产生自杀心理。爱的缺乏极易让学生感到孤独与寂寞,从而产生被遗弃的感觉,悲剧也就随之发生了。

中国青年政治学院社工系副教授、青春热线督导杨渝川认为:"人在某一个阶段可能处于人生的低谷,产生想放弃一切的想法……但是这不是绝对的绝望,此时你的关爱协助他打开一扇选择的门。如果不

帮助他,这扇门是关闭的,他只有一种选择。"可见爱的力量是多么的伟大。

事实上,许多面临自杀的青少年学生,就是在巡警、过路的热心人的爱心感染下,及时回头,走向新生的。

预防自残行为是一个复杂的社会系统工程。学生自我伤害的预防需要教育主管部门、精神卫生服务机构、公共卫生机构共筑防线,引导学生走出人生的低谷。

【案例】

肥东县白龙中学初二学生小勇,在他的胸口正中间,有一条长约8厘米的疤痕。凑近看,附近还有两条浅痕。小勇说,那是去年9月份时,他拿铅笔刀在自己胸口划的,"因为很委屈,很恨老师。"2010年9月中旬某天,小勇放学后来到初二某班级,找一个朋友借书。去了之后才发现,朋友不在。正在他要离开时,班主任朱老师看到了他,"你跑来干吗,滚!"小勇说,朱老师一看到他,就让他"滚"。

小勇是个爱调皮捣蛋的孩子,"每个班都有几个像我这样的吧,成绩不行,又调皮捣蛋。"听到"滚",小勇没有罢休,"我回骂了他一句。"这句话让朱老师很生气,"下楼时,老师掐了我脖子。"事发后,小勇越想越委屈。

第二天晚上,小勇一个人在校外租住的地方,"拿那种削铅笔的小刀,在胸口划了一刀。"这是小勇第一次自残,好在伤口不深。过了一天,他又在胸口划了一刀。这两次,都没人知道。

第四天,小勇的委屈依然没有消除,他再次选择伤害自己。"这次是在课间，很难受，用力划的，流了不少血。"也留下了一条至今很深的疤痕。

那时小勇穿着白上衣，胸口部位被染红了一块。他趁着体育课，去校外买药。保安看到了他，立刻打电话通知了校长。

小勇父母长年在外打工，平时主要靠爷爷奶奶照顾。孩子出了这样的事，父亲吴先生也是焦急万分，尽快回到了家。他不解的是，"出了这事后，学校为何对孩子不闻不问？"

吴先生表示，当日孩子自残后，校长到了，不是第一时间带孩子去医院，"而是带孩子去了派出所报案。"因为伤口比较大，小勇到医院后，缝了7针。

孩子回到学校后，吴先生多次找到学校，希望学校给个说法，"我就两个条件，让那个朱老师给孩子道歉，或者学校买两盒疤痕灵给孩子，也就二三千块钱。"但学校认为自己没错，"只愿意给200元。"

对于小勇的事，白龙中学的吴姓校长表示学校已进行过调查，"家长认为是老师的责任，但调查后，老师并没有打骂他。"

对于家长说，事发后学校未将孩子及时送进医院，校长称，"当时也没见他伤多重，担心小孩会有更过激行为，而且学校离派出所近，就先到派出所备个案。"

在校长眼中，小勇是个问题学生，"平时老师就管不住他，打架也是常事。"学校有免费宿舍不住，"却选择到学校外面租住民房。"

父亲吴先生提出的条件，吴校长说自己也很无奈，"学校也想息事宁人，可一旦开了这个头，以后怎么办？"说起来，只是道个歉，买个药的事，但学校担心以后无法收拾，"老师没有做错，还要道歉，那学生下一步会怎样？"只能在道义上，给孩子一些帮助，可是道歉，真的不行。

【点评】

案例中小勇的自残行为与其自身的个性、父母以及老师都有密切的关系。

有自残倾向的青少年，人格特征上有着相似的特点：即性格上都比较内向、孤僻，遇事情绪化，敏感，易冲动。小勇在遭到老师的训斥后，没有通过诸如找朋友倾诉、寻求心理医生的帮助等合理有效的方式来排解心中的不满与压抑，却通过自残的方式来自我伤害，反映出了小勇性格孤僻、敏感，做事易冲动的一面。

作为小勇的父母，应该多给孩子一点关心和爱护，关注孩子在成长过程中遇到的问题和困难，及时帮助孩子解决。在本案中，小勇有自己的家庭，学校也有宿舍，但他偏偏选择了在校外租房子住，在一定程度上也反映出家长对孩子的关心不够，无法设身处地地考虑孩子自身的想法。

而作为事件中训斥小勇的老师，必须反思自己在教育孩子方面是否存在过激之处。作为一名人民教师，应该对学生饱含爱心和同情心。案例中的老师不分青红皂白，训骂小勇，处理方式过于粗暴化和情绪化，缺乏应有的职业道德。

为避免学生自残事件的发生，学校、学生、家长、老师必须齐心协力、共同面对。

学校应该积极关注学生的心理健康，善于发现学生的心理问题，对学生的心理问题及时进行教育和对症治疗。开设心理健康专栏、讲座、建立心理咨询室、辅导室，培养学生积极乐观、勇敢坚强的心态。配备和培训专职心理教师，建立健全学生心理档案制度，研究中学生的心理，并采取相应的心理保健措施，做到防患于未然。

作为学生家长，要配合学校的心理健康工作，多多与孩子交流和沟通，在沟通中遵循尊重、理解、宽容、信任、激励的原则。关心孩子，帮助孩子，为孩子构建一个温暖的家庭环境，形成孩子正常心态与良好性格。

　　作为学校老师，要遵守教师的职业道德，避免教育方式的粗暴化和简单化。掌握一些有关学生心理健康的知识，在日常生活中多接触学生、了解学生，认真听取他们的倾诉，创设宽松的情境，开展多种活动，寻找合理的宣泄场所，使学生达到心理上的平衡，重拾健康的心理。

　　作为中学生自己，平时应注重心理保健，加强耐挫力的培养和锻炼，完善自己的人格，学会与家人、老师、同学相处，创造出和谐、愉快、亲切、友好的氛围，拉近人际间的距离。

　　　　　　　　　　　　　　（本章撰稿人：王郡芳、徐旭、张欢）